TEN THEMES OF MOUTAI
AESTHETIC

美学十题

编著委员会名单

主　任：丁雄军

副主任：李静仁　　卓玛才让

成　员：滕建勇　　高　山　　段建桦　　万　波　　刘　刚

　　　　王　莉　　崔　程　　游亚林　　钟正强　　涂华彬

　　　　王晓维　　蒋　焰　　夏学文　　向　平　　张贵超

　　　　王登发　　王幸韬　　姚　辉　　李春风　　姜孝苟

　　　　谢　珺　　吴建霞　　杨　帆　　牟明月　　黄　杰

　　　　刘　竹　　蔡　鹏　　刘元启　　赵文韬　　罗汝叶

　　　　冯木苏　　倪德让　　吴　波　　程艳波　　吕锡斌

　　　　吴才华　　袁　杰　　李　璇　　王　黔　　周　军

　　　　罗怀国　　胡永俊　　刘　玄　　杨玉波　　陈　博

目

录

序 言

茅台美学的哲思

丁雄军

（茅台集团党委书记、董事长）

茅台酒是举世瞩目的美酒，是中国酒文化的极致。

美，自古以来，人皆神往。汉许慎《说文解字》注："美，甘也。"味美甘甜之酒称作美酒。"美酒"一词，最早出自《战国策·燕策》："为子之远行来之故，为美酒。"美酒的渊源可溯至千古，酒作为一种饮食符号和文化象征，深深浸透在中国传统文化和中国人形形色色的社会生活中。人们用酒来祭祀天地、传达礼仪、增进交往、活跃气氛、激发灵感，酒不仅给人带来美的味觉享受，还给人带来美的心灵启迪，从而使人达到身心舒适愉悦。酒以成礼、酒以言欢、酒以养老的功能一直传承至今。

茅台酒始于秦汉、熟于唐宋、精于明清、盛于当代，是具有深厚历史底蕴的美酒。马克思主义美学认为，美是人类社会实践改造了客观物质世界的产物。在漫长的酿造和发展过程中，茅台酒酿造技艺通过上千年传承，凝聚着一代代茅台人的天人合一的酿造智慧、精益求精的工匠情怀、追求卓越的发展理念、诚信尽责的经营理念，由此构筑起独具特色、内涵丰富的茅台美学价值体系。

在第十一届中国白酒 T8 峰会上，我从哲学的"高度"、时间的"长度"、空间的"绿度"、工艺的"精度"、文化的"温度"、竞合的"气度"、生活的"美度"等七个维度，论证了茅台美学之自然美、形式美、精神美。在第十二届中国白酒T9峰会上，我再次从这七个维度，阐述了哲学"高度"的理论体系、时间"长度"的规则体系、空间"绿度"的生态体系、工艺"精度"的科学体系、文化"温度"的融创体系、竞合"气度"的格局体系、生活"美度"的创美体系，从理念到体系，进一步展现茅台对美酒美学的深入思考和实践。

茅台美学是"山、水、林、土、河、微"生命共同体系统平衡的生态美学，书写了"离开茅台镇酿不出茅台酒"的品牌传奇；茅台美学是高粱、小麦等酿造原料生长成熟和茅台工艺相得益彰的自然美学，"端午踩曲""重阳下沙"成为茅台人顺天应时的酿造传统；茅台美学是传统酿制技艺跨越千年、从投料到出厂需要五年岁月的时间美学，用时间酿造美酒、用岁月沉淀品牌成为茅台人宁静致远的精神追求；茅台美学是大曲、基酒、微生物、产品的多样性美学，兼容并蓄、差异发展成为茅台各美其美、美美与共的发展共识；茅台美学是开启美时代、美生活的营销美学，以美的产品和服务，满足消费者对"美生活"的渴望成为茅台人的矢志追求；茅台美学是美的视觉、嗅觉、味觉、风格感悟共同构筑的品饮美学，充分展示了茅台酒色香味格俱佳的独特内在品质；茅台美学是舒适愉悦、灵性感悟的代谢美学，充分满足人们对好酒和健康的追求；茅台美学是以美酒为本、美食为冠、文化为根，逐美前行的生活美学，以美酒、美食、美文化、美行动，为人们带来美味、健康、智慧、格调、共美的"美生活"。

茅台美学还独具中国古典哲学意蕴。美学起源于哲学，"天人合一"思想始终是中国哲学和美学的核心。茅台人遵循原料"天人共种"、大曲"天人共制"、美酒"天人共酿"的传统，顺应四季轮回、节气流转、太阳活动等"天时"；利用特殊地形、气候、土壤、水质、酿酒微生物环境等"地利"，用极致匠心酿造出香飘世界的玉液琼浆，人与自然和谐共生成为茅台可持续发展的终极目标。《中庸》云："致中和，天地位焉，万物育焉。""致中和"而平衡,茅台酒酿造工艺以"致中和"的平衡哲学贯穿始终,不论是横贯酿造工艺中的物料"新老平衡",出酒"量质平衡",发酵"阴阳平衡",酒液"浓度平衡",贮存促使"酸酯醇平衡",勾兑确保"酱香品质或风味平衡",还是纵贯历史长河的传承与创新、传统酿造与现代科技的平衡,茅台在动态平衡中发展与前进,逐步稳固世界蒸馏酒第一品牌地位,更好地满足了人们对美好生活的向往和追求。

茅台美酒孕育茅台美学。茅台美学是茅台人为实现"五线"高质量发展战略目标,践行"酿造高品质生活"的使命,对茅台的美学理论的探索思考,期望为茅台迈入高质量发展、现代化建设"美时代"提供理论支撑。

推荐序一

美是茅台的底色

陈　坚

（中国工程院院士、江南大学学术委员会主任）

春夏之际，茅台集团寄来《茅台美学十题》，邀我为其作序。翻阅之余，甚为欣喜。说来，我与茅台渊源颇深。首先，江南大学及其前身无锡轻工业学院，与茅台集团有几十年的科技合作和人才培养关系，季克良先生毕业于无锡轻工业学院，我也曾担任江南大学校长近十五年。特别是 2018 年 8 月，茅台集团携手江南大学牵头成立酱香型白酒行业首个院士工作站——"陈坚院士工作站"，让我有了"扎根"茅台、深入研究茅台的契机。

在工作站期间，我与茅台有关单位的同事们一起，聚焦茅台酿造微生物研究、固态发酵过程调控、智慧制酒厂房建设、白酒品质技术保障、食品安全控制等领域，合作开展了《酱香大曲中黑曲形成机制研究》《酱香大曲中微生物产酶动》《优势乳酸菌定量分析与乳酸代谢机制解析》等 10 余项科研与技术攻关项目。在此期间，我时常走进茅台厂区调研考察，参与茅台科技活动、研发平台筹建，参加工艺技术攻关，与茅台技术人员围绕酿造原料、白酒风味与品质、微生物研究等方面共同开展研究，这使我对茅台酒酿造工艺有了深刻认识，也更加真切地体会到茅台酒所蕴含的独特而神秘之美。

借助科学的力量来探索茅台背后的秘密，是一个富有挑战又充满乐趣的过程，每每攻克一个课题，我既感兴奋又觉震惊，这大抵是因为茅台酒酿造工艺之美与自己的心灵产生了共鸣。在我看来，茅台既继承了古代酿造工艺的精华，又闪烁着现代科技的光芒。茅台从历史深处款款而来，在一代代茅台人的努力下，跨越不同时期、顺天应时、遵循传统、崇本守道、坚守工艺，在赤水河流域谱写出中国白酒的发展奇迹，用心血和智慧创造出享誉世界的玉液琼浆。作为国家级非物质文化遗产之一，茅台酒酿造工艺早已超出其本身，它不断汲取中华优秀传统文化养分，成为中国白酒，甚至世界白酒中的标志性代表。

随着科研项目的推进，茅台神秘的"门"正在被敲开。我看见茅台的魅力来自循天时、遵古训、秉承工艺季节性；我看见茅台的力量来自天人共酿、根植文明、博采众长；我看见茅台正以一种自然的、原生的、内敛的、兼容的美，回馈着每一个热爱白酒之人……独具特色的茅台美学，不仅是茅台的基石，更是深入研究茅台的"指南针""博物馆"，在很多关键问题上给予了我们莫大的帮助。

什么是美？古往今来，先贤哲人的论述汗牛充栋，但我较为偏爱一个论断："任何东西但凡显示出生活的，或者使我们想起生活的，那就是美的。"近几年来，我在对茅台的微生物、固态发酵技术进行研究时，感知到茅台从自然界的微生物中获取一种神秘的力量，酿造出能映衬幸福生活的美，而这种美，植根于自然万物，最终形成了蔚为大观的茅台美学。

在通读《茅台美学十题》时，不难发现，它将美具体化、物象化，让人能真实感知到、触摸到、体验到：茅台作为酱香型白酒的鼻祖和发端，美在"山、水、林、土、河、微生物"；美在"原天地之美而达万物之理"；美在空间的"蕴养"、时间的"沉淀"；美在"虽由人作，宛自天开"；美在"致中和"；美在"各美其美、美美与共"……美，是茅台浸染中国传统文化后形成的底色，让茅台穿越千年历史而香飘世界，成为令国人骄傲自豪的民族品牌。

当前，美学成为白酒文化建设的全新高度，弘扬中华美学精神，既是时代的呼唤，也是时代的号召。中国白酒与生活密切相关，中国人在饮酒过程中所体现出的价值观、生活情趣、思维方式、审美意象、精神追求等等，是研究白酒美学的核心所在。如何加速中国白酒美学体系建设，构建满足人民美好生活需要的丰富精神世界，是摆在中国白酒行业面前的重要课题。可以说，《茅台美学十题》作为一本白酒美学专著，尝试揭开中国白酒美学的面纱，并系统提出中国白酒美学的框架体系，具有重要的学术价值和时代意义。我相信，茅台在这方面的引领和带动作用一定是广泛而深远的。希望更多的同仁加入进来，与茅台一起，与中国白酒一起，共同揭秘中国白酒、中国白酒文化之"美"。

推荐序二

酒之美与酒的美学

高建平

（中国社会科学院研究员、中华美学学会会长）

这部名为《茅台美学十题》的书，以美学为题来谈酒之美，这是一个创意。酒是一种饮料，又不是普通的饮料；酒是文化，又与文明有着千丝万缕的联系。在世界各大文明中，酒都起着重要作用。与烟草起源于印第安人不同，酒出现在各种古代文明中，诞生于人类从原始社会向文明社会转化之际。也就是说，酒有多重起源，是与人类文明共生的。我们会在古代的陶器、青铜器中看到各种各样的酒器，可表明那个时代人的生活与酒的关系。

在西方古代美学中，有视听优先的说法，认为只有视觉和听觉才是高级感官，美学要与这种高级感官相连。这种观点来源于古希腊哲学家亚里士多德，他认为只有史诗、音乐和戏剧，以及绘画、雕塑和建筑才是理论家应该讨论的对象，不重视对口味、气味和触觉的欣赏。但另一方面，对美酒美味的追求，自古就有。酒神狄俄尼索斯在古希腊神话中，是一个重要的神。酒神多次死而复生，有专家认为，那象征着葡萄年年丰收，年年提供欢乐。酒神生于凡人之母，却受到天父宙斯的特别青睐，被特许成了神。酒神与日神一样，是文艺之神。日神代表光明和梦想，对世间形象的静观，生出绘画、雕塑、建筑；酒神代表沉醉和行动，生出音乐、舞蹈和其他表演艺术。借此，德国哲学家尼采提出酒神精神和日神精神的结合，就出现了希腊悲剧。这种结合，实际上是指酒神所激发的人的欲望与相应的行动通过日神所赋予的形式，成为完美的艺术。

到了近代，感性地位得到提高，"趣味说"兴起。美学是感性学，重视人的感受。审美被看成是人的趣味能力的结果。趣味（taste）一词，原意就指滋味和口味，原本是品尝食物和饮料的能力，发展而成为辨识事物之美的能力。英国哲学家大卫·休谟在谈论美学上的趣味说时，就曾举了一个例子：一位品酒师说，橡木桶里的酒有金属味和皮革味。别人都不相信，说不可能。后来，等橡木桶里的酒都喝完，果然发现了遗忘在桶底的带有皮革挂带的钥匙。他把这种超凡的辨识力称为趣味，说明味觉审美能力可以达到的令人惊叹的水平。朱光潜先生在翻译"趣味判断"（taste of judgement）一语时，就直接将之翻译成"审美判断"。

从赞赏酒带来的力之美，到赞赏对酒味的精微的辨析，这是从一醉方休、以酒使力，到精微辨析、细品酒味的演变，体现出的是酒文化从古代向现代的进化，从对酒的沉溺到对酒的鉴赏的发展。

中国古代美学不讲视听优先，而是讲五官并举。在古代中国人那里，"五味"与"五色""五声"具有同样重要的位置。中国古代美学讲求"和"，这种"和"既是指声之和，也指味之和——和五声以成乐，和五味以成羹。"美"这个汉字从造字上讲，最初指装饰以成美人，后来指大羊以得甘味。人美和味美，成了古代中国人审美感受发展的两大推动力。"味"在中国美学中是一个重要范畴。对好诗好画要细细品味，而这种对诗画的品味，最初就是来自对饮食的品味。

古代时，酒使人狂欢，现代社会以酒怡情，体现了一种文化的进步。传说大禹认为，仪狄之酒甘美，后世会有以此亡国者，要禁！但酒是禁不了的，只会越来越发展，酒成了生活的一部分，参与许多历史大事件。有酒后失德，以酒亡国者；也有以酒助兴，激发豪情，以此兴国者。这里所体现的，是文化。酒文化的进步，是社会进步的表现。用审美的态度对待酒，从而发展酒的美学，是文化发达的表现。

什么样的酒是好酒？本书拈出一个标准：美！由此，我们可以进一步问：什么样的酒才是美酒？本书就是围绕着这一点展开的。

本书讲了十题，其中特别讲到生态之美、材质之美、时间积淀之美、多样平衡之美，作为这些美的体现之品饮之美，以及由此所形成的生活之美。

酒之美，首先体现为生态之美。独特的山水树木、土地河流，会生出独特的味。一方水土养一方人，也养出一方的好酒。好酒要聚天地之灵气，得山川之精华。从科学的角度解释，这可以说成是微生物菌群；从人文的角度，也是山川赋魅，形成了人们对特定地点的信仰。酒之美，还体现在文化之美。在趣味的形成中，文化起着重要的作用。诗歌和艺术，历史和故事，都会凝聚到趣味之中。

酒之美，体现在传统与现代的结合上。传统的材料和工艺，长期的经验，优良的材质配合以秘传的处理技能，再加上现代的技术手段，像制作艺术品一样实现五味调和，最后终成佳酿。

酒之美，还由于时间的沉淀。在审美中，有一个重要的因素，这就是历史感。一幅古画使人心生敬畏，一件旧家具古色古香，有古雅之美，一件青铜器造型有古拙之美。体现在酒上，贮存年份长就珍贵。这是时间之美的一个方面。酒中的时间还有一个更为重要的因素：在酿造过程中，要体现出顺应时间的自然发展、将时间沉淀其中的过程。这里面有技术的因素，也有经验的积累。在酿造过程中，要顺天而有为，这里包含着的，是人生的哲理。

酒之美，当然要回到饮酒之美。但这还不仅仅限于酒味之美，还要有酒色酒香。饮酒器皿、饮酒环境，这些也很重要。我们说饮茶有茶道，当用优质的茶、优质的水、良好的煮茶工艺、精美的茶具，进行一套饮茶的仪式时，就成为一种艺术。同样，饮酒也应该有酒道。饮酒之美，要归入这种程序仪式之中。

　　酒之美，最终还是要上升为文明之美，以美学来谈酒，这是文明的体现。酒所带来的，是朋友的雅集，是成功的祝愿，是忙碌生活间的休闲。人们在酒会上交往，沟通思想，建立友谊，同时，也提升修养，提高趣味水平，形成良好的酒文化。

推荐序三

践行工艺之美　传承文化之美　创新科技之美

季克良

（茅台集团老领导、酿造技术导师）

英国的大文豪莎士比亚，曾经说过这样一句话："美是生活，美是创新。"作为一名在茅台工作了五十九年的老茅台人，对于《茅台美学十题》完整阐述的茅台美学体系，我认为可用 12 个字来概括，那就是："美是践行，美是传承，美是创新。"进而言之，就是要践行工艺之美、传承文化之美和创新科技之美。

茅台美学以践行辩证为基。

美学不仅是一门理论学科，也是一门实践学科。茅台美学的本质在于实践。正是一代代茅台人的一线践行和辩证总结，造就了今天的《茅台美学十题》，这是一套很有体系的方法论。

茅台的生产，是世界上最为复杂、最为丰富的烈性酒酿造工艺。正是其复杂、丰富，成就了它的"本质上是一瓶好酒"。

但是，茅台酒的工艺美学，并不是从一开始就形成、固化下来的。它是老祖宗传统的产物，也是一代代茅台人"实践出真知"的结果。

没有调查没有发言权。1964 年，我到茅台看到茅台酒酿造工艺的复杂性，其实际操作与书本完全不同。1966 年在轻工业部组织专家的"两期试点"中，有一次关于茅台酒堆积发酵"嫩点好"还是"老点好"的争论，我提出了堆积发酵还是"老点好"的观点，这是源于自己在生产一线的多次探索分析，此观点最终得到了酿酒专家的一致认可，被纳入茅台酒生产操作规程，才有了后续的规模化生产而品质如一。

经过无数茅台工匠的践行与思考，《茅台科技试点回顾》《增产酱香酒的十条经验》等理论相继被提出，彻底解决了生产工艺中长期悬而未决的水分高低之争、曲药颜色之争、窖材之争、温度之争。

就是这些点点滴滴的践行，为今天茅台美学体系的构建打下了基础。

茅台美学以传承文化为核。

茅台美学首在工艺之美，作为中国酿酒工艺的"活化石"，茅台酒和世界上任何一种蒸馏酒的酿酒工艺都不一样，所以茅台美学的核心在于传承坚守，包括坚守用料、器物、微生物"三大物质传承"和时间之则、气候之律、温度之法、技艺之美的"四大非物质传承"。

附着于工艺美学之上的，是茅台逐渐形成的文化美学。

数千年前，赤水河沿岸的濮人开始在这条大河边酿酒，后世继之，"始于秦汉，熟于唐宋，精于明清，盛于当代"。从"枸酱"到茅台，一代代酿酒人遵循天道与自然法则，在这里"天人共酿"。自古以来形成的工艺美学，与中国哲学的天人合一、道法自然紧紧相连，成为中华文化的有力传承、华夏文明的有力彰显。由"器"而"道"，因"术"成"势"，工艺美学逐渐转化成文化美学，茅台逐渐成为"中国酒文化的极致"。

近一两年，茅台的新领导提出打造"人、文、物、艺、礼、节、和、史、器"九大文化系列，又提出将二十四节气的传统文化深入贯彻进茅台的生产、运营之中。我十分赞同。一瓶茅台酒，从空间上来说，是赤水河谷的酝酿；从时间上来看，是一年一个生产周期，是二十四节气都装在里面的。时间的美学加上空间的美学，让工艺的美学流淌、洋溢在中间，这样就共同构成了"酱香鼻祖"的文化美学。我们只有传承好文化、继承好传统，才能让这瓶酒香飘世界、香溢人间。

茅台美学以科学创新为要。

茅台的工艺饱含了科学，茅台的发展需要科学，更需要懂科学的人才，科学研究在茅台由来已久。

1956 年，茅台总结提高贵州茅台酒传统特产食品的课题被国家科学技术委员会写入"12 年科技规划"。也是这一年，茅台化验室正式成立。四年后的 1960 年，茅台成立研究室（含化验室），职责就是进行科学研究。

1964 年 9 月，作为发酵专业第一批大学生，我到茅台酒厂工作，进入由副厂长李兴发为组长的科研小组，重点研究茅台酒在贮存过程中酒质的变化和勾兑的基本规律，从此开始了一生与茅台酒结缘的酿酒生涯。

也是在 1964 年，茅台"两期试点"科研项目第一次用现代生物工程技术研究分析传统白酒生产工艺的科学机理，使得传统酿造工艺步入了科学化发展时代。

我在 20 世纪 90 年代之初曾提出"离开茅台镇酿不出茅台酒"，如今，这一理论不仅有了科学解答，还发布了茅台酒酿造五大核心体系，成立茅台科学与技术研究院，进一步推动科技创新成果转化为技术和效益，更好服务生产经营工作。这些都是当年我们想做，但是囿于科技水平未能做成的事。

在当下的数字化时代，科学创新正当其时。茅台美学不再是玄学，而是科学，包括物质科学、生物科学、环境科学、生命科学，加强科技创新只为洞悉酿造工艺机理，科学阐释酿造环境、酿造原料和酿造周期等，彰显当代茅台人"往何处去"的集体智慧。

此外，"i 茅台"数字营销平台、巽风数字世界相继推出，通过数字化转型，让茅台营销深度嵌入到用户生活的各个场景、提供优质的价值。

"攻坚克难务求必胜，永为酒业科技排头兵。"我希望每一位茅台人都能秉持科学家精神，致力破解茅台酒生产和微生物密钥，以科学阐释茅台酒美的密码。

工艺、文化、科技，构成了茅台整体美学的梁柱。这是茅台美学的基石，也是茅台百年基业盛而不衰的秘密。

茅台曾提出高质量发展、现代化建设面临的"十问十题"，包括"茅台是什么""茅台为什么""茅台从哪里来、现在在哪里、到哪里去"等。

此次，《茅台美学十题》不仅给出了思考，还会成为一个动态的、开放的、共享的课题、话题，期待有更多人去更新完善并丰富，让茅台的美更深入、茅台的美更博大。

第一题

茅台酿造环境之生态美学

生态美学是尚在形成中的一门新型学科，是生态学和哲学美学的交叉复合学科，基于当代生态存在论哲学，从生态循环系统、自组织形态、共生等视觉和维度研究美的本质和价值。[1] 挪威哲学家阿伦·奈斯提出深层生态学理论，反对主客二元对立机械论世界观和人类中心主义，倡导系统整体性世界观和"人—自然—社会"协调统一。生态美学包括人与自然、社会及人自身的生态审美关系，是一种符合生态规律的当代存在论美学。从生态美学的视角看来，美并不纯粹是人类主体创造的成就，而是人与其周围环境和谐共生的产物，只有人与自然、社会、自身和谐共生才能产生最高的审美体验。[2]

万物各得其和以生，各得其养以成。我国生态美学立足于中华传统文化，与西方主张"人类中心主义"生态美学侧重点不同，我国生态美学体现天人合一、万物共生的观念。[3] 绵延五千多年的中华文明孕育着丰富的生态文化，无论是"不违农时""万物齐一"的思想观念，还是"风调雨顺""瑞雪兆丰年"的民间智慧，都体现了我国传统思想中对生命孕育、繁衍的珍视，对人与自然和谐共生的强调。中国白酒正是传承数千年"顺应天时，天人共酿"的传统生态文化的生动体现和鲜活样本。茅台酒作为我国酱香型白酒的鼻祖和发端，是茅台先民们通过漫长的历史沉淀和总结，逐渐摸索出一套循天时、承地利、重匠工的独特酿造工艺，严格遵守人工制曲、重阳下沙、阴阳发酵等传统工法，是白酒行业中道法自然、天人共酿的典范。

生态美学已逐步成为新时代生态文明建设的重要组成部分。新时代推进生态文明建设，要坚持人与自然和谐共生，坚持节约优先、保护优先、自然恢复为主的方针，像保护眼睛一样保护生态环境，像对待生命一样对待生态环境，让自然生态美景永驻人间，还自然以宁静、和谐、美丽。人与自然和谐共生是我国生态文明建设的本质要求，这既是生态美学的精神内核，也是生态美学发展的价值旨归。生态美学植根于生态存在论哲学观中，人与自然和谐共生的理念就蕴含在生态美学的内涵之中。

中国白酒，不同于世界上其他同类蒸馏酒，在我国古代即被称之为美酒。茅台酒的历史可追溯至千年前唐蒙向汉武帝献贡的"枸酱"酒，汉武帝大赞曰"甘美之"。茅台酒，美如色，呈无色透明状，液黄似琥珀色；美如泽，光照射则晶莹剔透；美如形，呈水形，如琼浆玉液；美如香，呈茅台酱香，集自然芳香、蒸煮生香、陈酿成香于一体；美如味，呈火性，酒体醇厚，回味悠长。

中国白酒的命脉在微生物，微生物的命脉在山、水、林、土、气，山、水、林、土、气的命脉在生态平衡。茅台酒美，美在山、水、林、土、河、

位于赤水河流域仁怀段合马镇沙坪村的两棵百年黄葛树上，数十年里成群鹭鸟于此筑巢安家

微生物形成的独特酿造环境。与天地唱和，与万物相谐，特殊的地形地貌、气候环境，优质的酿酒水源，独一无二的酿酒微生物环境，共同蕴养了15.03平方公里茅台酒核心产区，赋予茅台酒"空间"之美，成为"绿水青山就是金山银山"的生动实践。

一、资源丰富　生态良好

茅台酒产地位于赤水河流域。赤水河自云南镇雄发源，流经云、贵、川三省11个县市。作为长江上游唯一保持自然流态的一级支流，沿岸自然资源丰富、生态植被良好、栖息动植物多元，是长江鲟、胭脂鱼等珍稀鱼类以及45种长江上游特有鱼类的重要栖息地，是长江上游重要的生态屏障，被誉为

美酒河

"集灵泉于一身，汇秀水而东下"。赤水河因孕育了以茅台为代表的白酒，被誉为"美酒河"。

二、气候适宜　天朗气清

茅台镇属亚热带季风湿润气候，气候温和、热量丰足、雨量充沛，昼夜温差小，年平均气温在18℃左右，年均无霜期多达359天，全年日照时间可达1400小时。茅台镇静风频率高，风速小，年均风速不超过1.8m/s（二级），以南风、东南风为主导风向。空气中二氧化硫、氮氧化物等指标远优于国家标准，年平均空气质量优良天数达98%以上，适宜酿酒微生物繁殖、栖息、生长和保持活力。长年累月的酿造，使空气中弥漫着浓郁酱香。

三、地理优越　得天独厚

茅台酒产区位于重峦叠嶂、绵延纵横、山高谷深的大娄山脉深处的赤水河谷地带，周围群山海拔在 1000 米以上，到了茅台河谷，海拔却只有 400 多米。茅台镇四周三山对峙、一水中流，形似天然酒甑，客观上促使了小气候更加湿热少风，适宜微生物群落生长代谢，为酿造茅台酒提供了得天独厚的地理条件。

四、资源禀赋　钟灵毓秀

酿造环境是茅台美酒赖以生存和发展的基础条件。赤水河流域得天独厚的水、土壤、糯高粱等资源禀赋，以及酿造环境经年累月孕育出的微生物群，加之茅台匠人世代传承的工法技艺，共同成就了茅台酒的卓越品质。

第一节　山

一、重峦叠嶂造就"黄金河谷"

好山好水出好酒，好水源于好山。赤水河畔，一水中流，两岸青山。茅台产区四周有崇山峻岭环绕，产区为河谷地带。赤水河顺流而下，在覆盖茅台镇、二郎滩、土城、同民坝等百余公里的流域内形成了利于微生物生长、适宜酱香型白酒酿造、生态环境稳定的中国酱酒"黄金河谷"。茅台段沿茅台斜轴部发育，从南向北纵贯境内，东有马鞍山，西有宝丰山，河水自西南而入，沿茅台酒厂东流至镇下场的猪旺沱，受黄孔垭山岭沿下东山阻拦，转向北流，直下长江。

茅台镇属浅切低山向斜谷地侵蚀类型地貌，位于贵州高原最低点的盆地状低谷，是海拔 440 米的低洼地带，赤水河在茅台镇附近流向由 NEE 向改为 NNW 向，河谷剖面形态呈不对称开阔的"V"形，右岸地势较缓，左岸陡峻。

六月的赤水河谷，碧波蜿蜒，绿树成荫。李枫 摄

除赤水河边少部分河谷地区比较平坦以外，其余地形坡度均在 15° 以上。

二、迤逦青山孕育"特殊气候"

茅台四周三山对峙，群山环抱，郁郁葱葱。海拔多在 500 米以下，因而形成特殊小气候，冬暖、夏热、风微、少雨，炎热而潮湿，年平均气温 18℃，冬季最低气温 2.7℃，夏季最高气温 40.6℃，炎热季节持续半年以上，冬季温差小，无霜期长，年降雨量仅有 800—900 毫米，日照时间长，为贵州高原最高值。微气候非常适宜酿酒微生物形成和繁衍。

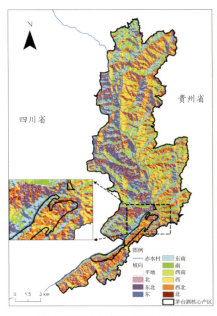

茅台镇坡向分布图（2018 年）

除了适宜的气候，微生物对空气质量也极为敏感。茅台除非常重视气象气候的监测，也持续加大对大气污染防治的投入，守护清新的空气。茅台积极实施锅炉"煤改气"，优化"三生空间"布局，实施车辆单双号限行，保护厂区大气环境。统计数据显示，近年来，茅台厂区空气质量优良率达98%以上，空气污染物主要指标均呈较低水平。

茅台酒厂废气排放情况（2019—2021年）

污染物名称	单位	2019年	2020年	2021年	国家标准
SO_2	吨	2.26	2.26	3.40	50
NOx	吨	83.99	56.02	80.07	200

第二节　水

水被誉为"酒之血"。茅台丰富的水资源、优良的水环境、平衡的水生态，是承载茅台酒的独特品质的基础。

一、水资源丰富

茅台优良的地表水和地下水系资源，承载了茅台酒独特品质的物质基础。

茅台镇地表及地下水系发达，水资源丰富。河流主要为长江流域赤水河水系，赤水河流域河网发育，在仁怀市境内长119公里，支流多，干流多属"V"形河谷，滩多水急，地表水资源丰富，水量季节性和年际变化较大。赤水河支流多，主要一级支流有27条，其中右岸10条、左岸17条，主要包括盐津河、桐梓河、习水河。酿造白酒最直接的原料就是水，水质的好坏对酒的品质和质量有着直接的影响。

虽然相对赤水河的大水量来说，地下水水量相对较少，但分布面较广，岩溶地下水的补给主要来源为大气降雨，而与砂页岩交界的地区侧向地表水补给也是很重要的一个方面。地下水与赤水河的地表水共同组成了茅台镇的优质水源体系，为茅台酒的酿造提供了优质的自然条件。

二、水环境优良

茅台镇所在的赤水河段，水质好、硬度低，河水经过周围土壤岩层的过滤和净化，含有许多对人体有益的微量元素和矿物质等。经水质监测部门检测：赤水河水质无色透明，无异味，微甜爽口，含多种对人体有益的成分，酸碱适度（pH 值为 7.2—7.8），未受污染，符合饮用卫生标准，是酿酒的优质自然水源。

符合饮用标准的赤水河水

近年来，赤水河主要支流水质稳步提升。赤水河水质自动监测站水质监测数据显示，流域地表水水质达标率 100%，出境断面水质稳定保持在 Ⅱ 类，高于国家标准。

三、水资源保护

茅台综合采取了取水量控制、水资源利用、水污染防治和水生态治理的一体化措施。取水方面，通过水冷改风冷、改造供水管网，有效降低取水量。采取冷却水循环利用和中水回用等节水举措，对车间生产班组用水进行精细化管理，推行员工刷卡洗澡，控制绿化用水，降低了厂区生产生活用水量。排水方面，高标准建设污水收集管网，对生产过程中产生的废水做到应收尽收，实现雨污分流。水治理和保护方面，自建污水处理厂，深入研究茅台及酱香型废水水质特性，制定酱香型白酒废水处理工艺，将处理后的尾水排放标准提升到类地表水 Ⅳ 类，有效降低污染物排放。同时，从 2014 年起，茅台计划累计出资 5 亿元，用于赤水河流域生态环境保护，共同促进茅台水资源保护。

第三节 林

一、植物物种丰富

茅台镇植物物种丰富，调查数据显示，现有 276 种，隶属于 99 科 230 属，其中蕨类植物 8 种，隶属于 7 科 7 属；裸子植物 9 种，隶属于 5 科 8 属；被子植物 258 种，隶属于 86 科 214 属。在被子植物中，单子叶植物 40 种，隶属于 12 科 38 属，占区系种数的 14.5%；双子叶植物 218 种，隶属于 74 科 176 属，占区系种数的 79%，为本植物区系的主体。另外还有 1 种苔藓植物，为葫芦藓（Funaria hygrometrica.）。从生活型来看，草本植物最多，有 139 种，占植物总种数的 50.4%；藤本植物最少，有 12 种，占植物总种数的 4.3%；乔木有 50 种；灌木 75 种。

在 276 种植物中，有 5 种为国家二级以上保护植物，包括国家一级保护植物香樟、银杏、水杉，国家二级保护植物琼棕、胡桃等。

茅台植被及生物具有多样性。由于境内自然条件复杂多样，加之受人为活动影响，植被区域分异明显，东部及赤水河北岸表现出明显的湿润性常绿阔叶林地带性特征，即由湿润常绿林逐渐向半湿润常绿阔叶林过渡；赤水河低海拔河谷一带则具有沟谷常绿季雨林的一些特色，形成斑块状分布的河谷季雨林。

表 1 茅台镇植物种类构成

	蕨类植物	裸子植物	被子植物		苔藓植物	合计
			单子叶	双子叶		
科	7	5	12	74	1	99
属	7	8	38	176	1	230
种	8	9	40	218	1	276

表 2 　植物生活型分析

植物类型	种数（种）	所占种数之比（%）
灌木	75	27.2
乔木	50	18.1
藤本	12	4.3
草本	139	50.4
总计	276	100

a. 酸模　　　　　b. 苎麻　　　　　c. 地桃花　　　　　d. 臭牡丹

茅台镇典型植被

二、乡土树种独特

　　茅台镇的乡土植物有 239 种，占所有植物种数的 86.6%，主要分布在茅台镇镇中心和茅台酒厂核心产区。分别来自 94 科 204 属，植物科属的复杂程度较高。其中蕨类植物 8 种，隶属于 7 科 7 属；裸子植物 9 种，隶属于 5 科 8 属；被子植物 221 种，隶属于 81 科 188 属。在被子植物中，单子叶植物 37 种，隶属于 12 科 35 属，占区系种数的 15.5%；双子叶植物 184 种，隶属于 69 科 153 属，占区系种数的 77%。从植物生活型来看，茅台镇乡土植物中，草本植物较多，有 97 种，占乡土植物总数的 40.6%，灌木和乔木次之，藤本植物和蕨类植物较少。

表 3　茅台镇乡土植物及科属组成

	蕨类植物	裸子植物	被子植物		苔藓植物	合计
			单子叶	双子叶		
科	7	5	12	69	1	94
属	7	8	35	153	1	204
种	8	9	37	184	1	239

a. 展毛野牡丹

b. 皂荚

c. 海芋

d. 枫香

e. 构树

f. 黄桷树

g. 榕树

茅台镇典型乡土植物

三、绿化覆盖率高

近年来，茅台大力开展"生产、生活、生态空间"规划和布局，通过义务植树和绿化生态修复，员工义务植树造林共计 16 万平方米，厂区绿地面积 143 万平方米，厂区绿化覆盖率达 30%。逐步实施中的坛茅快线生态防护林、中华污水处理厂环保生态提升、千年酒脉、厂区主交通廊道等项目，将进一步提高赤水河两岸绿化覆盖率、改善区域生态环境，保证茅台酒生产核心区域生态环境稳定向好。

茅台绿化一角

第四节　土

一、丰富的土壤组分

茅台境内，地层全由沉积岩组成，境内岩石以碳酸岩类（各类灰岩、白云岩）居多，其次是各类砂岩、砾岩等。地质地貌构造主要是侏罗、白垩系紫色砂页岩、砾岩，有着长达 7000 万年的历史。茅台镇独特的地质结构，为茅台酒提供了优质的酿造自然条件。

境内土壤主要受海拔高度和岩石风化后成土母质影响，土壤分布与地貌关系紧密。这里广泛发育着紫色田土，土层较厚，一般在 50 厘米左右，酸碱适度，有机度 1.5%，多粒状结构，碳氮比 8%—9% 左右，质地中性。盐基饱和度约 70%—80%，呈中性及微酸性反应。特别是土壤中砂质和砾石含量高，土体松软，孔隙度大，渗透性好。

茅台酒酿造封窖用的紫红泥，来自赤水河畔

二、独具特色的紫红土

关于"茅台砾岩",有一段中国地质学中的佳话。一次,浙大教授、著名画家丰子恺拿出一瓶珍藏多年的茅台酒宴请李四光等几位好友。茅台酒的醇厚美妙,让李四光感到有一种无与伦比的快感沁入心田,他惊讶地询问茅台酒的状况。当得知了茅台酒的酒质特征及产地特征后,李四光马上对茅台的地质产生了兴趣。

后来,李四光在茅台镇发现了一种由无数鹅卵石均匀胶结在一起构成坚硬石岩的岩层,他采了标本带回去化验分析后发现,这种胶层不但有空隙,还可滤出无毒无菌的沙滤水。后来,李四光将之命名为"茅台砂岩"。

独特的地质,正是茅台酒生产的基础。20世纪60年代,中国科学院南京土壤研究所的专家曾专程到茅台考察,认为"茅台这种紫色钙质土壤全国少有,是茅台酒生产的重要基础"。1980年11月,中国林科院专家到茅台考察后也认为,茅台的地质地貌太特殊,可谓得天独厚,即便是在欧美等国家,也很难发现这种特殊的地理环境。

沿赤水河由南向北分布的紫色土壤渗透性强,因而无论地表水和地下水都通过两岸的红层流入赤水河中,既溶解了红层中的有益成分,又层层渗透过滤,滤出了纯洁、香甜、可口的优质泉水。茅台镇境内土壤呈偏酸性,类型复杂多样。

第五节 河

一、清清生态河

赤水河,秦汉时称"鳛水",因其流域为南夷君长之一的鳛部治邑,故名。后汉迄至两晋,称"大涉水""安乐水"。《水经注疏》有云:"《汉志》南广有大涉水,北至符入江,行八百四十里。惟今之赤水河始足以当之,即

《经》下文之鳛部水，《注》以为安乐水者也。"[4]

赤水河发源于云、贵、川三省交界处的云南省镇雄县，流经云南昭通，贵州毕节、遵义，四川泸州四个地级市，在四川省合江县汇入长江。赤水河两侧峡谷陡立，水流湍急，险滩丛生。河流的四分之三流域都在大山中，是长江上游唯一一条自然流淌的河流，拥有秀丽的自然风光及较为完整的生态环境。

赤水河是目前长江上游唯一没有修建大坝的一级支流，被称为长江上游珍稀、特有鱼类"最后的庇护所"。根据《长江上游珍稀、特有鱼类国家级自然保护区总体规划》（2004 年 7 月），茅台镇位于"长江上游珍稀、特有鱼类国家级自然保护区"赤水河段，共分布鱼类 108 种和亚种，隶属 7 目 17 科 71 属，占据了长江鱼类种类数近 1/3。

2018 年，赤水河荣获第二届"中国好水"优质水源称号；2019 年，赤水河荣获"助推绿色发展、建设美丽长江"全国引领性劳动和技能竞赛美丽河流荣誉称号；2020 年，赤水河（遵义段）"示范河湖"建设通过国家验收。

二、滚滚英雄河

"战士双脚走天下，四渡赤水出奇兵。"1935 年，红军留下了"四渡赤水"的传奇佳话，实现了以少胜多、化被动为主动的光辉战例，也取得了长征战略转移中具有决定意义的胜利。西方评论家称赞四渡赤水是"长征史上最光彩神奇的篇章"。毛主席多次谈道，四渡赤水是他一生中的"得意之笔"。

三、浓浓美酒河

顺天应时酿茅台。河水作为重要的酿酒原料，随着不同季节变换而发生的自然变化有利于酱香型白酒的酿造。茅台人根据赤水河水的自然变化规律来酿酒，即端午制曲、重阳下沙。几十年来，赤水河流经的川黔区域内孕育了以贵州茅台为引领的众多酱香型白酒名酒，聚集了全国约 90% 以上酱香型白酒产能，被称为"美酒河"。

位于茅台镇的红军四渡赤水纪念园

四、守护赤水河

茅台集团捐资赤水河流域生态环境保护专项资金专项用于赤水河流域生态环境保护，牵头发起"走进源头·感恩镇雄"等公益活动，推动《世界酱香型白酒核心产区企业共同发展宣言》发布，引领区域白酒企业共同关注流域协同发展与生态环境保护。创新"公司＋政府＋基地＋合作社／农户"模式，持续优化高粱、小麦等原辅料种植基地建设，促进区域覆盖仁怀、习水等多个县市，推动脱贫地区传统农业向产业化、专业化的现代农业发展，辐射带动近10万户农户增收。茅台集团积极探索申报"绿水青山就是金山银山"实践创新基地，探索"两山"转化路径。2021年6月，茅台获首届贵州省5A级"生态酿酒企业"荣誉称号。2022年12月，茅台酒地理标志保护区被命名为2022年贵州省"绿水青山就是金山银山"实践创新基地。

第六节　微（微生物）

一、溯源微生物

茅台的空气中弥漫着丰富的微生物群落，直接影响着茅台酒的品质。酿造微生物是茅台"六个密码"中最关键的密码，贯穿茅台酒每个生产环节，是密码中的密码。传统白酒是固态发酵，基质中气、液、固三态并存，宏观相对稳定，微观非均衡分布，提供了容量更大的立体网络化界面，形成了一

白酒固态发酵酿造体系示意图

茅台科学与技术中心实验室科研人员

个多样化的微生物王国，造就了传统酿造微生物体系极端复杂、种类繁多的特点。早在约六十年前的"两期试点"，茅台即开始对酿酒微生物进行分离鉴定，以期通过微生物研究揭开茅台酒品质秘诀。2005年，茅台与中科院微生物所合作建立了行业第一个白酒微生物菌种资源库，用可培养方式保藏微生物菌种79种近1000株，第一次揭示了茅台酒酿造过程中微生物的种类和数量。

应用最新的Source Tracker和FEAST溯源方法，对曲醅、酒醅和酿造环境中9800余个样品进行解析，发现微生物种类多达1946种，其中细菌1063种、真菌883种，主要来源于大曲、原辅料、场地和工用具。其中，制曲过程中的细菌主要来源于母曲、小麦和水，真菌主要来源于母曲。制酒过程中的细菌主要来源于大曲，真菌主要来源于酿造环境，重要的功能菌毕赤酵母和酿酒酵母主要来源于晾堂地面以及工用具。

二、核心产区微生物环境

通过对生物信息分析，模拟酿造过程及环境设计培养基，进行条件优化，当前茅台菌种资源库已累计达到159种酿造微生物，获取活体菌种资源比例达到10.2%，远超常规微生态的获取比例；就微生物的个体水平而言，保存了7400株，规模已经达到"中国工业微生物菌种保藏管理中心"官网公布的1.2株的61.7%。至"十四五"末，茅台菌种资源库规模将扩大到300种，个体规模达到1.5株的水平，将作为茅台核心资源永续传承下去。

对茅台酒酿造环境、酿造过程、周边环境以及其他酒厂等123株酿酒酵母进行全基因组测序和生物信息学分析发现，茅台酒酿造环境和酒醅来源的酿酒酵母单独聚成一支，表现出明显的特异性，表明茅台核心产区长期的酿造活动筛选进化出独特的酿酒酵母，为茅台酒的酿造提供了优质酵母资源。这一研究结果表明，微生物结构组成及其稳定性受到所在产区环境以及所使用的不同传统工法和传统技艺影响。

　　未来，茅台将始终坚持以习近平生态文明思想为指引，坚持生态优先、节约集约、绿色发展，以"一基地一标杆"为目标和愿景，坚定不移走好"绿线"发展道路，构建绿色发展体系，以最积极的态度、最严格的制度、最有力的措施保护好茅台赖以生存的自然生态环境，协同推进节能、降耗、减污、降碳、提质、增效，实施增水、提气、保土、护微、维护生态系统平衡"五大专项工程"，着力构建"山、水、林、土、河、微"生命共同体，开展节能降碳增效、绿色产品设计、产业链绿色转型、绿色科技创新、绿色低碳生活"五大专项行动"，不断厚植发展绿色基底。以"渴望美"的姿态，热心绘就美蓝图，尽心付诸美行动，精心呵护美生态，助力酿造美的产品、美的服务、美的文化、美的生活、美的时代，建设人与自然和谐共生的现代化美丽茅台，引领全球酒业绿色生态新风尚，携手中国白酒行业迈向"天人共酿""和谐共生"的美好明天！让茅台的天更蓝、水更清、生态环境更美好！

参考文献：

1　岳友熙.论生态美学构建的三大理论基础［J］.鄱阳湖学刊，2013（2）：6.

2　曾繁仁.生态美学——一种具有中国特色的当代美学观念［J］.中国文化研究，2005（4）：5.

3　郭硕博.浅论中国生态美学中的天人合一与共生智慧［J］.长江丛刊，2021（31）.

4　杨守敬，熊会贞.水经注疏（上中下）（精）［M］.凤凰出版社，2001.

第 二 题

茅台酿造原料之自然美学

自然美学是哲学伦理学的一个子领域，是指从审美角度研究自然物。蔡元培在《简易哲学纲要》中阐述，研究美学有两种方法：或由自然美出发，而由此以领略艺术美；或分析艺术，以定美学的概念，而由此理解自然美。自然美的发现使未经人为加工过的自然物成为审美的重要维度和价值。

中西方均有自身的自然审美传统，对自然的审美价值高度表彰，如《庄子》曰："天地有大美而不言。"自然美学以"原天地之美而达万物之理"为宗旨，关注自然事物之形式美和浑然天成之本性美的双重内涵。在欣赏自然时，要注意从自然的形式美入手，观其形、听其声、闻其味、看其色，进而悟自然的浑然天成之境，从整体上把握自然之美。

第一节　三种原料源自自然

茅台酒之美源自原料之美，原料之美源自自然之美。

茅台酒的酿造原料只有高粱、小麦和水，三种原料全部来自自然。三种原料在赤水河畔经历九次蒸煮、八次发酵、七次取酒，孕育出两千多种香气香味物质，这是从少到多、从简单到复杂、从低级到高级的过程。抽丝剥茧，追根寻源，茅台酒风味万千，是因为三种原料在天地之间吸收了自然的精华，又极度适配酿造工艺，在生产过程中可以尽情地碰撞、交融、释放、创生，用不同的形态最大限度地展现自然之美。两千多年前，老子在《道德经》中提出"三生万物"的哲学思想，阐释大道衍生变化的规律，这和三种原料酿造出茅台酒的万千风味不谋而合。

一、高粱宜酒，是酒之肉

高粱属于杂粮作物，自古就有"五谷之精，百谷之长"的美誉，在我国种植历史悠久，分布地域广泛。高粱可以食用，可以入药，也可以酿酒，因为味道涩苦，高粱开始逐渐退出餐桌，但在美丽的赤水河畔，数不胜数的白酒企业星罗棋布，高粱依然是舞台中央最靓丽的主角。酿造茅台酒的高粱因为成熟后穗头形似红缨，遂得名"红缨子"，是茅台酒用高粱基地的专用品类，具有支链淀粉含量高、单宁含量适中、颗粒小、种皮厚、硬度高、糯性好、耐蒸煮的特点，满足了酱香型白酒对酿造原料的无限遐想。茅台对高粱品质的要求非常严格，理化指标要求千粒重在 16 克至 22 克之间，水分不超

仁怀市长岗镇茅坡村村民喜收高粱

过 13%，总淀粉含量不低于 60%，支链淀粉和直链淀粉的比例要在合理区间；感官方面要求其必须具有这种高粱固有的气味和色泽，一般为红褐色、深褐色、褐紫色，颗粒坚实、饱满、均匀。只有符合全部要求的高粱才能投入生产，没有任何词语可以简单地描述或概括这种近乎严苛的要求，茅台将这种高粱的品类特征和标准要求结合起来，称之为"茅台酒用高粱"。茅台酒用高粱基地，被誉为茅台酒的"第一生产车间"，分布在赤水河流域的仁怀、习水、金沙、播州、汇川 5 个县（市、区），生产使用的每一粒高粱都来自基地，茅台酒的生命旅程从这里拉开序幕。

二、小麦宜曲，是酒之骨

我国自古就有"五谷"之说，"五谷"具体是指哪五类谷物，各种说法不一而足，但是不论哪种说法都包含小麦，说明在以农业生产为主导的中国古代社会，小麦占据着举足轻重的地位。目前，小麦仍然是我国主要粮食作物，播种面积和产量仅次于水稻。茅台酒作为大曲酱香型白酒的典型代表，制作酒曲的使用原料主要是小麦，这种小麦是结合酿造工艺精心选育而来的，属于中弱筋小麦品种，具有蛋白质含量适中、粗纤维含量相对较高、粉质比高的特点。茅台对小麦品质的要求同样严格，理化指标要求千粒重不能低于 38 克，水分不超过 12.5%，总淀粉含量不低于 60%；感官方面要求其必须具有软质（粉质）白小麦或软质（粉质）红小麦固有的综合颜色、色泽和气味，籽粒饱满均匀、无霉变、无虫蛀、无污染、杂质少。和高粱类似，茅台将这种小麦称之为"茅台酒用小麦"。茅台酒用小麦基地原来分布在仁怀市和习水县，小麦颗粒略短，色泽灰白偶夹暗红，单位产量相对较低，随着茅台酒产能的不断增加，本地小麦不再能够满足生产需求，茅台开始把目光投向千里之外的小麦主产区域。现在的小麦基地分布在黄河以南、淮河流域的河南、安徽、湖北 3 个省，跨越千山万水，茅台酒和这些丰腴的土地结缘。

三、水宜酿，是酒之血

好山好水出好酒，悠悠赤水河，是茅台酒的另一个标签。赤水河在大山之中蜿蜒流淌，几乎没有被周边环境所污染。大部分时候，河水清澈见底，无臭无味、硬度适中、酸碱适度，富含多种矿物质和微量元素，是酿造白酒最珍贵的自然资源。"靠山吃山，靠水吃水"，充沛的水源和优良的水质是茅台酒风靡世界的重要密码，茅台酒和赤水河的命运自此水乳交融。酿造茅台酒用的水是生化反应的介质，也是其重要组成原料，它们与生俱来地和茅台酒有着相同的基因。酿酒用水的品质要求和生活饮用水相当，不能有明显的异色，也不能有异臭和异味，硬度和酸碱度应在合理范围，矿物质和微量元素适量，毒理指标不得检出。不同于高粱的两次投料和小麦的七次摊晾拌曲，水的使用几乎贯穿茅台酒生产的全部过程，润粮、拌曲和勾调都需要用水，它们最终成为酒的一部分。非酿造用水也是十分常见的，包括工艺用水、锅炉用水、冷却用水，它们对于茅台酒的酿造同样至关重要。茅台曾经尝试异地酿酒扩大产能，但是以失败告终，离开茅台镇就酿不出茅台酒，赤水河河水可能也是其中一个因素。

第二节　原料选择源自天时

一、天选之粮

2021年5月，国家市场监管总局（国家标准委）修订发布《白酒工业术语》（GB/T 15109—2021）、《饮料酒术语和分类》（GB/T 17204—2021），两项标准重新定义了白酒，"以粮谷为主要原料，以大曲、小曲、麸曲、酶制剂及酵母等为糖化发酵剂，经蒸煮、糖化、发酵、蒸馏、陈酿、勾调而成的蒸馏酒"，明确白酒必须是以粮谷为主要原料，这里的粮谷包括高粱、小麦、玉米、大米、豌豆、青稞、大麦等，而用红薯、木薯、蜜饯等原料酿造出来的则不能称之为白酒。新国标明确且限定了白酒的范围。

"高粱酒香，玉米酒甜，大米酒净，糯米酒绵，小麦酒冲。"不同原料酿造出来的酒，口感风味各不相同。我国的名优白酒除了酿造工艺和酿造环境不同以外，酿造原料也不尽相同：茅台以高粱、小麦为原料，五粮液以高粱、大米、糯米、小麦、玉米为原料，汾酒以高粱、大麦、豌豆为原料，西凤酒以高粱、大麦、小麦、豌豆为原料。百花齐放的白酒市场上，酱香、清香、米香、凤香、豉香等十二种不同香型各领风骚，共同满足消费者多样化的口味需求，这与酿造原料的不同类型和组合具有十分密切的联系。

从理论上来说，凡是含有淀粉的粮食都可以酿酒，但是主流白酒特别是高端白酒的酿造原料几乎都会用到高粱，因为在所有的粮食中，高粱酿出来的酒是最香的。十二种不同的白酒香型，九种香型的酿造原料包含高粱。高粱在酿造白酒方面具有以下独特优势[1]：

第一，高粱中含有一定数量的单宁，降解产生的小分子酚类物质对白酒风味品质具有显著影响，常见的挥发性酚类是愈创木酚及类似物，在水中具有较高的香气活力值，给予白酒独特的烟熏味、酱油味、奶香味、窖泥味等，单宁分子中酯键或缩酚键断裂生成相应的缩酚酸和多元醇，在高温堆积过程中形成其他挥发性酚类，赋予酒体独特的风味。小分子单宁与唾液蛋白的结合沉淀，使舌上皮组织收缩产生涩味，单宁与糖或生物碱的相互作用也会产生苦味，在口感上提高酒的厚实度。

第二，高粱中的脂质相比其他营养组分含量较少，脂质通过氧化降解和水解等方式形成的多种产物，是酒体风味物质的来源之一，但是不饱和脂肪酸氧化分解生成的低分子醛酮类，会造成酸败现象，给酒体带来邪杂气味；发酵过程中，过量脂质引起的酸度升高，会影响微生物和酶的活性，且脂质与淀粉形成的复合物会提高淀粉糊化所需要的温度，影响其糊化效果。

第三，高粱的蛋白质组成普遍存在 6 类 14 种氨基酸，氨基酸是酸、甜、苦、鲜味的呈味物质，也是白酒中重要风味物质的前体物质，高粱氨基酸含量的差异会直接影响最终基酒的主要风味物质的种类和数量。

第四，高粱淀粉不仅提供发酵微生物生长代谢所需要的能量，也是生成酒精（乙醇）的主要成分和部分风味前体物质的重要来源。在发酵过程中，淀粉在根霉、毛霉等微生物的作用下水解生成葡萄糖、果糖、乳糖等，随后在细菌、根霉和酵母的作用下进一步生成乙醇、乳酸、酯类等风味物质。

"无曲不成酒。"酒曲是茅台酒酿造的关键所在，上面分布着大量的微生物和酶，在酿造过程中起到糖化发酵的作用。我国酒曲酿酒的历史源远流长，曲的繁体字为左右结构，左边是一个"麦"字，右边是一个"曲"字，说明从很早以前开始，酒曲的主要原料就是小麦，这是勤劳智慧的古代中国人民的经验选择。酒曲是微生物赖以生存的环境，制曲原料必须适合微生物生长和繁殖，提供微生物代谢所需要的碳源、氮源、无机盐等物质，同时要有适宜微生物活动的环境，包括适宜的温度、湿度、酸碱度等——小麦的主要成分是淀粉，其次是蛋白质，还有一定数量的无机盐，非常符合制曲原料的基本要求。我们的祖先充分利用小麦淀粉适宜微生物生长的特点，将小麦压碎加水制成曲块，控制一定的温度和湿度，经自然繁殖形成含有曲霉、根霉、酵母等多种微生物混合体的酒曲。

茅台酒的生产工艺分为制曲、制酒、贮存、勾兑、包装，端午踩曲，重阳下沙，基酒生产周期为一年，先后要两次投料，酿造期间需进行九次蒸煮，八次发酵，七次取酒，然后经过勾兑存放，最后包装出厂，成为消费者餐桌上的琼浆。酿造茅台酒选择"红缨子"高粱、小麦和水，与茅台酒独特的酿造工艺息息相关，而茅台酒独特的酿造工艺，同样离不开高粱、小麦和水的独特性质，两者相辅相成，向人们展现着它们相得益彰之美。

"端午制曲"。端午节前后，温度升高、天气转热，空气湿度较大，微生物勃发，小麦制成曲块有利于微生物生长繁殖和分泌有关的酶。

"重阳下沙"。重阳节以前，雨水丰沛，河水浑浊，不利于取水酿造，只有重阳节过后，才能取到清澈的河水。

"两次投料"。两次投料可以使得高粱充分吸水，去除高粱中的生涩味和杂质，这样生产的酒，香味也更加突出。两次投料还有一个历史原因，多年以前，高粱开始成熟的时候，河谷地带的高粱先熟，人们会先把河谷地带的高粱收割之后进行蒸煮，大概一个月以后，山坡上的高粱才成熟，人们将其收割之后再和第一次的高粱混在一起蒸煮。虽然现在酿造茅台酒使用的高粱已经不像从前那样即收即用，但是这种两次投料的生产习惯依然留存了下来。

滚滚蒸汽中，酒醅散发出热烈的香味

"九次蒸煮，八次发酵，七次取酒"。"红缨子"高粱种皮厚、硬度高、糯性好、耐蒸煮，经得住反复的蒸煮，而其他品类的高粱，可能经过四五次就把酒取完了。"红缨子"高粱截面呈玻璃质地状，有利于多轮次的翻造，使得每个轮次的营养消耗都在合理范围内。

二、原料种植的哲学智慧

《吕氏春秋·审时》提出："夫稼，为之者人也，生之者地也，养之者天也。"意思是对农作物来说，播种它的是人，成活它的是地，滋养它的是天。明代农学家马一龙也指出："合天时、地脉、物性之宜，而无所差失，则事半而功倍矣。"古代中国人常常把天时、地利、人和看作是万事万物取得成功的充分条件，形成了适用广泛的"三才"哲学思想。这种思想在农业生产中逐渐衍化为"三宜"原则，即"时宜、物宜、人宜"，成为农业生产的根本遵循。高粱和小麦作为我国农作物的典型代表，集中代表了中国古代农业的哲学观点。顺应天时进行生产，因地制宜选择土地，充分发挥人的主观能动性，高粱和小麦的生产就能取得丰收，就是"时宜、物宜、人宜"在茅台的生动实践。

"天"字的本义是人的头顶，又表示人的头顶上方、日月星辰所在的太空苍穹，人们往往根据"天"的本质和特征将之集中表达为时间，因为数千年来中国社会主要从事的实践活动是农业生产，故而又将"天"集中表达为"农时"。《荀子·王制》描述道："春耕、夏耘、秋收、冬藏四者不失时，故五谷不绝，而百姓有余食也。"《孟子·梁惠王上》提出："不违农时，谷不可胜食也。"都反映了农时对农作物生长发育的影响。重视农作物生长发育的时间规律，顺应农时进行生产活动，农作物才能够苗壮成长。育苗是高粱种植的第一个环节，通常在清明时节进行，前后持续一个月，育苗时机必须根据不同地区的海拔和气候特征合理确定：低海拔地区通常先开始，如果时间过晚，高粱因为温度升高，生长发育加快，分化时间缩短，产量就会降低；高

酒曲是茅台酒酿造的关键所在

用温度近100℃的水润粮，让高粱充分吸收水分

海拔地区通常后开始，如果时间过早，高粱因为温度太低无法正常生长发育，甚至会出现烂种或者死苗现象。高粱成熟以后，必须马上组织采收，最好是在籽粒微嫩的时候，如果错过了最佳采收时间，高粱籽粒自然脱落，会造成更大的损失。仔细算来，留给农民们的采收时间前后只有十来天，必须要在这十来天里面选择天气晴朗的日子进行采收晾晒，这是一个和时间赛跑的过程。

"地"与"天"相对，本义为物质，后逐渐引申为土地、大地、地表。在农业生产技术比较落后的年代，人们经常通过观测地势的高低向背来判断是否有充足的阳光，通过土地与河流湖泊的相对位置判断是否有充足的水源。良好的生产条件往往可以使农业生产事半功倍，《晏子春秋·内篇杂下》指出："橘生淮南则为橘，生于淮北则为枳。"王祯在《王氏农书》中介绍："黄白土宜禾，黑坟宜麦与黍，赤土宜菽，污泉宜稻。"不同的地理环境意味着气候、土壤、地形的不同，遵循因地制宜原则，根据农作物的特点合理选择土地是农业生产丰收的关键。高粱种子扎根土地后，农民们必须采取措施积极应对"倒春寒"，除了覆盖地膜保持土壤的温度和水分之外，将苗床选择在背风向阳的地方也是不错的办法。在播种以前，基地还要进行整地和施肥，为高粱或小麦生长创造良好的土壤条件。我国传统农业非常强调农作物的合理布局，以此提高农作物的生产效率，小麦通常采用净作，即在完整的生长期间不再种植其他作物，便于集中生产管理；高粱可以净作，也可间作、套作或轮作，需要根据不同的实际情况进行选择，不同的种植方式会对土地产生不同的影响，进而影响高粱和小麦的生长发育。

"人"是农事活动的主体，也是农事活动中最为关键的因素。《荀子》认为："农夫朴力而寡能，则上不失天时，下不失地利，中得人和而百事不废。"清代张标在《农丹》中提出："天有时，地有气，物有情，悉以人事司其柄。"这些经典著作都在阐述一个道理：农业生产固然要以天时地利为基础，但是如果没有人的劳动，就不可能生产出人们生活中需要的农产品。人要充分发挥主观能动性，勤奋耕稼，才有丰收，如果不愿劳动，就不会有任何收获。原料基地的管理有几个十分重要的主体，分别是茅台、属地政府和供应商，相关方各司其职、各尽其能，是原料种植任务能够有序推进的关键：茅台负责对种子品种、管理规范、质量标准等提出具体要求，对生产管理过程进行监督考核；属地政府负责统筹基地建设管理，并协调基层政府和相关部门参与；供应商作为基地生产建设主体，负责执行物资采购、过程管控、收储调运任务。农民是高粱基地种植生产的主力，他们通过订单进行小农经济模式的生产，小麦基地既有供应商流转土地集中生产，又有农户订单生产，从拿到种植订单开始，他们就要对高粱或小麦的生长过程负起责任，丰收歉收将直接影响他们来年的经济生活状况。高粱和小麦有其独特的生长规律，部分时间需要人为加以干预，不管不顾难以保证存活，揠苗助长又会适得其反。

第三节　原料品质源自有机

一、基地有机认证

随着物质生活水平的提高，"舌尖上的安全"成为消费者津津乐道的话题，"有机"作为食品安全和产品质量的坚实后盾，越来越受到广大消费者的青睐。茅台始终致力于满足消费者对美好生活的向往，坚持以消费者为中心，1999 年开始申请并通过绿色食品认证，2001 年开始申请并通过有机认证，成为行业唯一集"绿色食品、有机食品、地理标志产品"于一身的企业。有机食品要求生产、加工、包装、贮存、运输过程遵循有机标准，生产使用的原料必须是野生天然产品，或者是来自有机农业生产体系。通过"有机"保证原料的品质，进而保证茅台酒的品质，提供让消费者完全放心的产品，是茅台长期坚持的方针。

茅台红缨子种子公司，高粱专家涂佑能

发展有机农业不仅是茅台酒有机食品认证的必然要求，也是茅台可持续发展和高质量发展的必然要求。一方面，传统种植模式大量使用农药和化肥，严重破坏原有生态系统的平衡，农药在防治病虫害的同时伤害其他有益生物，化肥使得附近的江河湖泊富营养化，土壤肥力持续下降，不利于长期种植高粱和小麦。另一方面，化肥让高粱和小麦快速生长，产量也大幅度提高，但是化肥营养成分简单，容易造成营养失调，导致高粱和小麦品质下

茅台酒用高粱基地

降，原料品质的下降非常容易传导为产品品质的下降，高农药残留也直接威胁人体健康，可能成为引发食品安全事件的导火索。

从有机农业的概念和内涵可以看出，有机农业追求全过程质量控制，对生产环境有着严格规定，非常强调生产条件的稳定性和可持续性，在什么地方发展有机农业，在什么地方建设原料基地，成为必须深思熟虑的问题。

赤水河沿岸自然条件优越，环境污染相对较少，传统农业生产方式得到较好的继承与保留；紧邻茅台酒核心生产区域，朝发夕至，非常便于运输和管理，是建设高粱基地最理想的地方。高粱具有抗旱、抗涝、抗盐碱、抗倒伏的特性，可以完美适应沿岸的山地环境，这些相对贫瘠的土地，成为高粱种子绝地求生的舞台。仁怀市是茅台酒的故乡，地处贵州省西北部，赤水河中游，大娄山脉西段北侧，总面积 1788 平方公里，常住人口 65.42 万人，仁怀基地从 2000 年开始申请有机认证，与茅台合作时间最长；习水县是茅台一衣带水的"邻居"，位于黔北边缘，属于大娄山系和长江流域，是赤水河的下一个站点，总面积 3127.7 平方公里，常住人口 58.49 万人，习水基地从 2003 年开始申请有机认证；金沙县地处贵州省西北部，坐落于乌江和赤水河两大

茅台酒用小麦基地

水系之间，总面积 2528 平方公里，常住人口 53.97 万人，金沙基地从 2006 年开始申请有机认证；播州区地处贵州省北部，大娄山脉东支中段与乌江中段北岸之间，总面积 2490.94 平方公里，常住人口 89.78 万人，播州基地从 2013 年开始申请有机认证；汇川区地处贵州省北部，属于云贵高原向湖南丘陵和四川盆地过渡的斜坡地带，总面积 1514.3 平方公里，常住人口 62.77 万人，汇川基地从 2012 年开始申请有机认证。

　　河南、安徽、湖北是我国小麦核心产区，有机农业基础非常扎实，这些地方土地平旷，地力肥沃，冬季光照充足，昼夜温差较大，是国内适宜的小麦生长乐土，2019 年开始，茅台选择将茅台酒用小麦基地转移到这些地方。河南省地处中原，是我国小麦产量最大的省份，以伏牛山主脉和淮河干流为界，北部属于黄淮冬麦区，南部属于长江中下游冬麦区，基地分布在新乡市、信阳市和南阳市；安徽省位于华东长江三角洲地区，淮河以北是辽阔的平原，属于黄淮海冬麦区，以南属于长江中下游冬麦区，基地分布在阜阳市；湖北省位于我国中部地区，三面群山环绕，属于长江中下游冬麦区，基地分布在襄阳市。

二、过程有机管理

从 2022 年开始，高质量发展已然成为茅台全部工作的主题。茅台聚焦"什么是原料基地的高质量发展，如何实现原料基地的高质量发展"，对标有机过程管理的主要要求，擘画出原料基地管理"五个一（一证、一图、一网、一地、一库）"工程，有力推进了基地管理体系和管理能力现代化，成为茅台高质量发展的重要组成部分。

"一证"是指有机认证证书。环境直接影响农作物生长，如果环境受到污染，农作物就难以保证安全和质量。茅台要求供应商定期对有机地块内的空气、土壤和水分进行检测，确保它们符合有机生产的标准。高粱和小麦必须种植在有机地块以内，生产过程中不能使用人工合成的肥料、农药、生长调节剂等化学物质。最重要的是，原料基地必须取得第三方有机认证机构颁发的证书。

"一图"是指有机地块图斑。原料基地通常选择集中连片、环境良好的地块，远离主城区、工矿区、交通主干线、垃圾填埋场等地方。茅台要求供应商按照比例制作三级有机地块图斑，即县（市、区）级、乡镇（街道）级、村（社区）级，将上百万亩有机地块搬上纸面。结合有机地块图斑内容，建立有机地块信息台账，详细记录有机地块的认证时间、农户信息、地理位置、地块面积、土地确权信息，每年通过有机认证地块信息台账，对当年种植、轮耕、休耕情况进行记录。

"一网"是指贵州茅台原料供应链平台。数字化和科技化是原料基地发展的重要方向之一，茅台建设贵州茅台原料供应链平台，要求原料基地将地块信息、种植订单、生产物资、收储调运情况实时录入对应功能模块，为进行原料信息溯源奠定基础。目前已经在收储站点和运输车辆上安装了监控设备，可以通过视频形式对收储调运过程进行监管，茅台正在田间地头试点安装监控设备，成功后，原料基地数字化管理又将实现新的突破。

原料基地管理"五个一"工程图

"一地"是指示范基地。茅台要求原料基地每年开展示范基地建设，打造原料种植生产标杆，以点带面，辐射周边。仁怀基地先后打造了两批高标准示范基地，建设内容主要包括土地整治、农田水利、电力建设、仓储一体化、病虫害防控、农业机械配套、耕地地力修复、有机地块固化保护和气象监测，实现了"渠相连、道相通，旱能灌、涝能排"，发挥出良好的环境效益、经济效益和社会效益。

"一库"是指现代化原料仓储设施。原料的生产和使用都具有非常明显的季节性，加上茅台战略储备的需要，生产出来的高粱和小麦通常需要保存相当长的时间才能投入生产。茅台要求原料基地按照国家战略储备仓库的标准修建或改造库房，通过制造低温低氧的环境保证原料质量安全，至少储存一年不出现质量问题，并在收储站点配备必要的筛选整理设备、传送设备和烘干设备，为农户交售提供便利。

农业投入品的管控是有机管理的重中之重，特别是在赤水河流域的茅台酒用高粱基地，农户有机种植水平参差不齐，让全部农户都能在林林总总的农资市场上买到符合有机要求的农业投入品非常困难。茅台着眼于有机种植管理的重点难点，对基地进行生产扶持，不仅降低了农户的生产成本，还有效规避了种植风险。经过多年的探索和实践，基地扶持模式基本稳定下来，扶持内容主要包括高粱种子、绿肥种子、有机肥、生物制剂、有机认证、绿色认证、生产管理奖、农业政策性保险、宣传培训、试验示范。近年来，扶持资金逐年增加，农户得到的实惠越来越多，高粱基本实现丰收稳产，为持续巩固拓展脱贫攻坚成果、助力乡村振兴产业兴旺筑牢了坚实根基。

"红缨子"高粱种子是由贵州茅台酒厂（集团）红缨子农业科技发展有限公司（原仁怀市丰源有机高粱育种中心）经过多年选育得来的，同样来自有机农业生态系统，是全国唯一的有机高粱品种。为了掌握高粱种子供应的主导权，茅台收购了这家育种企业，开始进军原料种子的研究和繁育。能够成为种子的高粱都是经过千挑万选的，它们将再次回到高粱基地，开启全新的生命之旅，但是这次，它们将担负起更加深沉的使命。有机肥是用茅台酒生产剩余的糟醅加工制成的，通过循环利用妥善解决了酿酒过程中固体废弃物处置的难题，这种有机肥来自高粱和小麦，它们在发挥出酿酒价值以后，又重新回到原料基地，贡献出最后的热量。病虫害防治全部使用生物制剂，针对不同的问题，有不同的品种可供选择，最大限度降低对生态环境和食品安全的影响。绿肥品种名为"箭舌豌豆"，是一种养分完全的生物肥源，在土中腐解后能大量地增加土壤中的有机质和氮、磷、钾及钙、镁等各种微量元素，这种作物生长速度非常快，在高粱收储结束后播种，长成后翻耕到土壤里面，能够有效增加土壤肥力。农业政策性保险是分散农业风险的重要方式，高粱是地方特色杂粮，各级政府对其保费都有补贴，农民自筹部分基本上都是由茅台支付，提高了基地抵抗自然风险的能力。

茅台将"五匠质量观"和"365质量管理体系"贯穿原料管理的全过程，从原料开始呵护茅台生命之魂，茅台原料品质之美源自一颗种子，以完美化身于每个酒分子作为它使命的终结。茅台既竭尽全力让每颗种子幻化成为品质完美的原料，也不遗余力地阻挡任何一颗有品质有缺陷的原料的进化。从单单对种子质量把关到自研、自产全面推进的良种工程，茅台培育出了6个品种，成立了种子公司，牢牢地攥紧原料美学芯片。生产过程的质量管理不断加强，建成了茅台与基地政府的联合管控网络，茅台配备了10多名基地管理员下沉到基地，对原料种植和管理过程进行抽查，基地政府负责日常管理与技术指导。基地升级库房和加工设备、管理改革，持续落实的"即收即检即调"的收储模式，让原料仓储过程质量得到很好的保障。

一颗种子汲取了雨露、阳光和劳动者们辛勤的汗水，已然形成了一颗颗粮食结晶，等候着幻化成茅台酒的神奇之旅，然而旅途并不是一帆风顺的，迎接它的将是"三级检验"多个质检关口的考验：第一关是农户交售到供应商收储站点仓库后，茅台会组织相关部门进行抽样检测，检测指标近400项；第二关是检验合格后的高粱或小麦调运至库房时，再由相关部门根据抽样合格样品，组织现场验收，茅台在质量方面苛求完美，各项指标符合要求的方能入库；第三关是高粱或小麦由库房调运至生产班组时，由生产车间班组对高粱进行再次检验，不符合质量标准的原料将被淘汰，不允许在生产中使用。

三、水质严格保护

赤水河沿山麓蜿蜒，像颜色变幻的彩练，把错落在两岸的白酒企业连接起来，也把它们的命运连接起来。赤水河哺育了沿岸不计其数的居民，是他们赖以生存的母亲河。白酒企业依河岸建厂，取河水酿酒，生于斯、长于斯、存于斯、兴于斯，赤水河俨然也成为这些企业的母亲河。在白酒行业千帆竞发、消费市场日趋火热的今天，赤水河作为闻名遐迩的美酒河，赋予沿岸企业的品牌价值，成为它们重要的竞争优势。先有好水，再有好酒，赤水河是沿岸多数白酒企业的命脉，也是它们可持续发展的关键：赤水河环境好，企业发展就好；赤水河被污染，企业也难以存续。

早在1956年和1958年，周恩来总理就先后两次指示：赤水河水不能污染。1972年，周恩来总理又严令：赤水河上游100公里内，不能因工矿建设影响酿酒用水，更不能建化工厂。在新中国成立后工业化和城镇化高速发展的时期，赤水河两岸依然山清水秀，这和周恩来总理的关怀密不可分。

2021年5月底，云南、贵州、四川三省人大常委会分别审议并通过了《关于加强赤水河流域共同保护的决定》，这是我国首个地方流域共同立法，通过法制打破了原来九龙治水的局面。同时，三省审议并通过了各自的《赤水河流域保护条例》，这意味着赤水河环境保护迈向全新阶段。

茅台酒是有机食品，作为原料的水必须安全无污染，茅台酒离不开赤水河，保护赤水河是茅台行稳致远的必由之路。作为白酒行业龙头企业，茅台奉行"大品牌有大担当"的社会责任观，始终是保护赤水河最忠实的践行者。

从2014年开始，茅台决定每年出资5000万元，连续十年累计出资5亿元，专项用于赤水河流域生态环境保护。规划茅台酒中长期生态环境保护的缓冲区和禁建区，对西岸荒坡进行绿化修复。每年春季组织青年员工在厂区义务植树，打造"茅台共青林"，筑起绿色发展的生态屏障。实施水资源循环利用，避免对赤水河造成热排放污染的同时，节约大量用水。先后建成5座污水处理厂，日处理污水能力达到2.3万吨，对厂区所有生产生活污水进行收集处理，处理后污水的排放浓度远优于国家规定的直排标准。

2021年，茅台重新构建生态环境保护的"四梁八柱"，将保护赤水河作为重要抓手，持续构建"山、水、林、土、河、微"生命共同体。实施增水、提气、固土、护微、生态系统全面监测和评价"五大专项工程"，开展节能降碳增效、绿色产品设计、产业链绿色转型、绿色科技创新、绿色低碳生活"五大专项行动"，着力"建设习近平生态文明思想实践示范基地"和"打造行业生态环境保护标杆企业"。茅台持续加强水资源利用和水环境治理，设定取水上线，划定用水红线，限定排水底线，引领赤水河中下游企业共同出资，成立赤水河流域生态保护绿色供应基金，以自身行动引领流域工业企业建立绿色低碳循环发展模式，打造赤水河流域绿色发展生态示范区。

贵州省生态环境厅每月对赤水河水质进行监测，监测报告显示，近年来，茅台断面Ⅱ类以上水质占比为100%，这和茅台的不懈努力有着千丝万缕的联系。茅台作为赤水河流域生态环境的受益者，始终坚持走生态优先、绿色发展道路，多措并举保护休戚与共的赤水河，成功实现了绿水青山和金山银山的双向转换。赤水河来自云南省镇雄县，途经茅台留下宝贵财富，带着茅台人的敬畏、热爱、专注、匠心，滋养下游更加广阔的土地。

参考文献：

1　程度，曹建兰等 . 高粱对酱香型白酒品质影响研究进展 . 食品科学［J］，2022（7）．

第 三 题

茅台酿造周期之时空美学

"宇宙"一词由战国时期著名政治家尸佼最早提出,《尸子》曰:"四方上下曰宇,往古来今曰宙。"两千多年前,星空下的尸佼首次触及人类文明的根源:空间和时间。时间和空间是事物存在的基本形式,各种各样的事物以及它们各种各样的性状只有首先是时空性的,它们才能是对象性的。

事物的时空性尽管通常隐而不显,但在特定的经验中,它作为特定的时间周期、空间位置具有自身的重要价值。《黄帝内经》云:"春生,夏长,秋收,冬藏,是气之常也,人亦应之。"从时空美学来看,客观的现实时空与主体的心理时空是统一的,它是人的感觉和情感的原初形态,是人这个生命整体生存的感性氛围。在植物谷禾的生长过程、四季无始无终的运行变化中,人的生命及其节奏韵律乃至整个生气被呈现出来。

茅台品牌的背后,是空间的"蕴养"、时间的"沉淀"。提到茅台,大家都会想到在茅台镇这个神奇的地域空间内传承千年的古法工艺。茅台酒的生产酿造离不开 15.03 平方公里的地理标志保护区域,在这个特殊的空间范围内,一代代茅台人遵循自然时令规律,经年累月塑造茅台品牌,坚持用时间酿造美酒、用岁月沉淀品牌。

茅酒之源置放的老酒坛

第一节 布局，神秘空间蕴美酒

一、产区独特之美

俗话说："酒是风物志""一方水土养一方人"。同样，一方水土也能酿造出有别于他处的美酒。白酒是我国特有的传统农产品深加工产业，其酿造过程和品质高度依赖于地理环境，不同地理环境与风土人情赋予了所出产白酒独特的品质、风格和属性。

1. 中国白酒产区

在酒类行业，产区的概念最早源自法国波尔多葡萄酒产区，因其具备独特的产区品牌优势而闻名于世。不同的地理区位，造就了中国白酒不同的香型特点，产区表达成为中国白酒的核心表达，产区文化成为中国白酒融入世界的通用语言，"产区"也成为"名酒之韵"的重要支撑。中国名酒往往都与产地息息相关，甚至很多都以地名命名，例如茅台、洋河、汾酒等。中国白酒产区概念正式提出，则是始于 2001 年，贵州茅台酒地理标志产品保护范围的制定。

2017 年，"世界十大烈酒产区"发布，中国白酒占据六席，分别为以茅台、五粮液、洋河、泸州老窖、汾酒、古井贡六大名酒为核心的遵义、宜宾、宿迁、泸州、吕梁、亳州产区，此次评选活动成为产区建设的标志性事件。

2. 赤水河流域酱香型白酒主产区和原产地

在中国，但凡依山傍水的地方，往往名酒频出。诺贝尔文学奖获得者莫言在《酒国》[1]中概括了水与酒的关系："水乃酒之魂"。有佳泉之地，必有佳酿。正因为此，中国白酒以流域为纽带形成了大大小小的白酒产区。无数生活在大江大河、湖泊湿地的中国酿酒人，傍河而立，就地取材，酿造出与流域水质密切结合的不同风味美酒——西部的江河气势凶猛，中部的江河热烈平顺，东部的江河内敛澎湃，这也正是所在地域的白酒性格。赤水河独特的地理条件，造就了中国白酒一大特色——酱香型白酒，因此被称为中国酱香型白酒的发源地。流域内出产了包括茅台在内的美酒无数，聚集了全国 90%以上的酱香白酒产能，主要有贵州茅台酒核心产区、茅台镇产区、玉屏产区、和义兴产区、习酒产区、同民坝—土城产区、郎酒产区。

赤水河流经茅台河谷一带，与其特殊的地理位置和环境相遇，成为酿造美酒的珍贵水源。赤水河河水颜色应时而变，每年端午节至重阳节是当地的雨季，大量紫红土入水，赤水河呈赤红色，成为名副其实的"赤水河"。重阳节至翌年端午节，雨量减少，赤水河便恢复清澈透明，此时正值河谷两岸的高粱成熟，是酱香型

赤水河流域酱香型白酒产区

白酒最佳的投料季节。河水作为重要的酿酒原料，随着不同季节变换而发生的自然变化有利于酱香型白酒的酿造。茅台河谷两岸的酱香型白酒生产工艺，既遵循了大自然发展规律，也遵循了时令规律，是时间和空间的完美结合。

3. 茅台地理标志保护区

我国地大物博、疆域辽阔，多样的气候和复杂的地域造成了品味各异、地方特色鲜明的产品，老百姓称之为"土特产"。改革开放后，国家根据国际惯例和我国的实际情况，用商标知识产权来保护特色产品。老百姓眼中的"土特产"被赋予了新的名称——地理标志产品。[2] 2000 年 3 月，茅台酒获原国家质量技术监督局"中华人民共和国地理标志保护产品"。

3.1 贵州茅台酒核心产区的形成

2001 年 3 月，国家质量技术监督局将茅台镇范围内贵州茅台酒股份公司生产车间及新建区域约 7.5 平方公里区域内，使用本地原材料，执行并达到茅台酒生产工艺质量标准的产品，纳入受保护的贵州茅台酒原产地域及产品。离开这个划定的区域线、达不到上述标准的都不得称为茅台酒。此区域称为"茅台酒原产地域保护区"，并发布了国家标准《茅台酒（贵州茅台酒）》（GB 18356—2001）。[3] 2007 年，发布实施《地理标志产品：贵州茅台酒》（GB/T 18356—2007）。2013 年 3 月 29 日，原国家质检总局发布公告，调整茅台酒地理标志产品保护名称和保护范围，保护名称由"茅台酒"调整为"贵州茅台酒"，地理标志产品保护地域面积延伸至 7.53 平方公里，总面积约 15.03 平方公里。[4] 2018 年，贵州茅台酒首批入选中泰"3+3"地理标志互认互保产品；2020 年，贵州茅台酒作为中国优质地理标志产品代表，入选首批"中欧 100 + 100"地理标志产品互认互保清单。

贵州茅台酒地理标志产品保护名称和保护范围的确立促进了贵州茅台酒产区的形成。在仁怀市发布的《中国酱香白酒核心产区（仁怀）建设管理暂行办法》中，划定的酱香型白酒功能产区为 120.44 平方公里，将其中面积为 15.03 平方公里的贵州茅台酒地理标志产品区域作为核心产区进行重点保护。

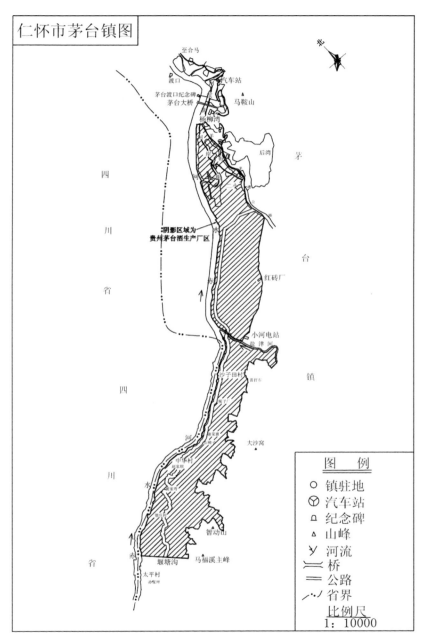

仁怀市茅台镇图

至合马
渡口
汽车站
茅台渡口纪念碑
茅台大桥
马鞍山
槟柳湾
后湾
茅

阴影区域为
贵州茅台酒生产厂区

红砖厂

台

小河电站
盐津河

镇

沙子田村

大沙窝

中华村

智动山

堰塘沟
马福溪主峰
太平村

四
川
省

四
川
省

赤
水
河

图　例

⊙　镇驻地
⊘　汽车站
⌂　纪念碑
▲　山峰
Ⅴ　河流
═　桥
＝　公路
‥∕　省界
比例尺
1：10000

茅台酒原产地域保护区

3.2 茅台酒产区独特之美

茅台拥有"四个核心势能",即独一无二的原产地保护、不可复制的微生物菌落群、传承千年的独特酿造工艺、长期贮存的优质基酒资源,这是茅台的核心竞争优势,也是茅台人持续赢得未来的最强信心所在。[5]其中,"独一无二的原产地保护"已经成为茅台品牌表达的重要元素,区域内的风土,通过一代代匠人之手,凝练成幽雅细腻的"酱香",转化为人们所感知的贵州茅台酒。

此区域海拔多在 500 米以下,形成特殊小气候,冬暖夏热少雨,风小湿润,适宜酿酒微生物形成和生长繁衍。在这个特殊的空间范围内,群山环抱、一水中流,造就了美丽的迤逦青山、蜿蜒赤水和紫红土壤,成就了独一无二且无法复制的自然生态环境,"山、水、林、土、河、微"共同构成了生命共同体。正是这样独一无二的空间,才蕴养出"风来隔壁三家醉,雨后开瓶十里香"的绝世琼浆,才有"美酒出茅台""离开茅台镇酿不出茅台酒"的品牌佳话。

3.3 离开茅台镇酿不出茅台酒

"离开茅台镇就酿不出茅台酒。"这不是玄学,而是科学。

1975—1985 年 7 月,为实现毛泽东、周恩来等老一辈革命家希望茅台酒发展至万吨的夙愿[6],"两期试点"之后,考虑到茅台地区山高路远、交通不便、电力不足等不利于大规模发展的现状,原国家科委、轻工部等牵头,以国家科技攻关组的名义,在遵义市北郊进行贵州茅台酒异地生产试验。试验从茅台酒厂抽调精兵强将,采用与茅台酒厂完全一样的设备,并从茅台将曲药、泥土等原辅料运送到遵义,整个酿制过程完全按照茅台酒工艺操作,历经 10 年、90 个轮次、3000 多次分析实验,生产出来的酒经过国家鉴定,认为"酒质较好,但同茅台酒比还是有一定的差距"。试验虽然没有达到预期目标,但论证了茅台酒与茅台地区的特殊地理、气候环境、微生物菌群等密不可分,从而揭示了"离开茅台镇酿不出茅台酒"。

1966年茅台试点工作人员合影

二、布局协调之美

茅台集团"一基地一标杆"建设总体方案指出，到 2025 年，优化形成茅台酒 15.03 平方公里核心酿造区的生产空间集约高效、生态空间山清水秀、生活空间绿色低碳，构建完善绿色低碳循环的产业链，形成生产、生态、生活空间各美其美、美美与共、人与自然和谐共处的空间构成。

1. 生产空间——集约高效

从俯视图看，茅台厂区绿树夹道，沿河而上的生产厂房掩映在花草树木中，极具层次美感，被称为"花园式工厂"。

1.1 厂房布局之美

1.1.1 鳞次栉比

以青色琉璃瓦房顶为代表的制酒车间，修建在河谷的最底层，这里空气

茅台酒厂俯瞰

湿润、空气对流最小，适宜酿造微生物生长繁殖的同时，也存在取水便利的优势；制酒车间往上是以小青瓦房顶为代表的制曲车间，这里空气对流适中，其中弥漫着的曲粉等营养物质，经过气流沉降的作用被带到下层空间，为河道周边酿造微生物的生长提供营养物质；最上方，勾贮车间依山而立，这里由于海拔相对更高、湿度相对更低，通风条件更好，从而十分有利于基酒的老熟与稳定。

1.1.2 依山就势

茅台酒酿造厂房的空间布局规划尊重场地原始地貌，利用赤水河的生态环境因素，结合茅台酒生产工艺的原则，沿赤水河由低到高依山就势分别布置制酒厂房、制曲厂房和勾贮车间。在厂房的选址方面有一定的讲究，以制酒厂房为例：一是海拔高度要严格控制在 520 米以下，确保酿造微生物的生长代谢。海拔过高的地势，其空气对流程度必然更加剧烈，难以形成稳定的酿造微生物环境，其酿造微生物种类和数量必然少，而远离河谷后，空气和

茅台酒生产厂房布局图

土壤的湿度和温度相应地会更低，会给酿酒带来不利的影响；二是制酒厂房的周围，自然土壤必须为紫红泥，这是由于紫红泥属于赤水河沿岸的原生土壤，其受到的污染较少而矿物质丰富，是千百年来自然驯化的酿酒微生物良好的栖息地。

1.2 空间结构之美

1.2.1 制曲——青瓦白砖是美

厂房总体布局。制曲厂房采用"工"字形设计，满足粮食暂存、大曲发酵及陈曲的生产要求。传统上，制曲厂房为两层结构，按照功能划分，上层为踩曲及发酵仓，下层为粮食暂存间及干曲仓。下层的小麦通过机械升降装置转移到上层进而投入到踩曲生产中，而在上层完成发酵的大曲经过拆曲工序后，可以通过"通孔"便捷地转移到下层的干曲仓中。**发酵仓布局**。发酵仓生产区高约 3 米，地面为三合土地坪，屋顶采用小青瓦屋面，杉木望板中间设置有天井，既有利于维持发酵仓内部温度及湿度，又有利于排除水分，从而保障高温大曲的发酵。**干曲仓布局**。干曲仓高度约为7米，底板下设有通风层，内外墙底部和顶部安设有百叶窗，通风排湿的同时有利于大曲的二次发酵和贮存。

1.2.2 制酒——错落有致是美

厂房总体布局。制酒厂房采用"一"字形设计，生产区采用大跨排架结构，房高8.4米，屋面设置88米长、1.2米高的气窗，保证厂房内蒸汽的快速排出，有利于多轮次蒸煮过程中水分的快速排出，从而确保发酵环境。**班组布局**。每栋厂房内部地面部分由一列纵置立柱组成的中轴线和横置的过道分割成"田"字形，"田"字形将整个生产房均匀地分割成四块区域，进而使一栋制酒厂房被设置有四个生产班组，同时，厂房与厂房之间设置绿化缓冲带，确保每栋厂房的独立性，有利于维持茅台基酒的多样性。**窖池布局**。茅台长期延续每个班组12个窖池的设计，确保每个轮次的生产作业顺应节气规律，遵从时节律令进行制酒生产。**晾堂布局**。窖池两侧的生产区域为晾堂，由大晾堂和小晾堂两部分组成。小晾堂主要为水泥青光地面，有利于下、造沙润粮操作；大晾堂有着摊晾和堆积发酵的功能，以石灰、煤渣及紫红泥按照一定比例混合而成的"三合土"作为主要材料，有利于微生物富产繁殖，确保堆积发酵质量。

1.2.3 酒库——简简单单是美

酒库厂房严格按照防火规范选用建筑材质，每栋酒库高度不超过24米，层数不超过5层，且层高不低于3米，屋顶采用坡屋顶加气窗设计，提高室内通风环境的同时，避免阳光直射对屋顶层室内温度的影响，确保基酒充分接收地气和储酒安全。酒库采用外廊式结构联通，通过外廊连接3个储酒区。酒库里大大小小的陶坛规范有序地摆放在储酒区，像人的吐纳呼吸一样，基酒与外界环境进行着物质交换，即将低沸点刺激性物质通过微孔挥发出去，空气中的氧气通过微孔进入陶坛，以促进基酒的化学反应。

2. 生态空间——山清水秀

长期以来，茅台秉持生态优先原则，"绿水青山就是金山银山"的生态理念已深入茅台人心。为了保证核心产区独特的酿造环境稳定向好，茅台在厂房的规划、建筑选材及绿化植物的选用等方面，都会从酿造环境方面的影响进行考量及评估，本着大力改善区域环境的原则，及时开展裸土治理，着力实施绿化项目。春夏之际，漫步于赤水河畔，拂面而来的清风伴随着阵阵酒香，重现了"绿树交加山鸟啼，晴风荡漾落花飞。鸟歌花舞太守醉，明日酒醒春已归"的场景。

围绕"一基地一标杆"的总体目标，茅台合理利用区域自然风貌，维护和优化现有"山、水、林、土、河、微"等生态基底结构，持续推进多维度全域增绿，建立由生态基底、生态廊道和关键生态节点组成的网络化生态空间格局，探索最优的生态空间布局模式，构建形成山水融合、协同发展的产业区域生态空间体系，有效促进生产与生活质量提高。

3. 生活空间——绿色低碳

茅台按照"分级分质、分类处理、资源化利用"的原则，本着简约适度、生活便捷、绿色低碳的理念优化和改善生活空间，持续提升生活空间与生态空间的融合程度，不断提高员工通勤便捷度、工作环境满意度和生活就餐舒适度，全面引领员工生活方式向绿色化转变。开展多项"提气"工程。实施"煤改气"工程，安装烟气在线检测系统，确保废气达标排放。通过施行"私家车限行 + 公务车保障"的运行方式，工作日平均减少车辆运行 1.1 万辆，年减少尾气排放约 1.65 亿立方，有效降低了大气污染排放和碳排放，厂区空气优良率达 98% 以上。持续探索生态循环发展模式。强化冷却水循环及风冷设施投用管理，年节约用水超 500 万立方米。践行酒糟"从土里来、到土里去"的发展模式，将废弃酒糟、窖泥、曲草等进行资源化利用，实施以酒、气、肥、饲料为主线的系列项目，每年生产生物天然气 1000 万立方米，有机肥 12 万吨，有机饲料 2 万吨，达到酒糟等酿酒固废"吃干榨尽"的资源化综合利用目标。

第二节　沉淀，积累岁月酿芬芳

一、历史积淀美

茅台酒生产工艺历史悠久，源远流长，起于秦汉、熟于唐宋、精于明清、兴于当代，历经两千多年的厚重积累，已成为中国白酒工艺独树一帜的活化石，是中国酱香型白酒的鼻祖和典型代表。茅台酒生产工艺更是珍贵的国家级非物质文化遗产。[7]

1. 古香古韵古法生

司马迁《史记》记载：西汉武帝建元六年（公元前135）唐蒙出使南越，饮"枸酱"酒，觉其绝美而献汉武帝。说明当时已经有酿造美酒的工艺，此酒即茅台酒之前身。[8]

唐宋时期，茅台地区已能酿制闻名天下的大曲酒，北宋诗人黄庭坚在出任广西宣州途中喝到黔北酿制的"牂牁酒"后，曾发出"殊可饮"的赞叹。到元明之际，茅台地区的酿酒工艺已发展出至今依旧沿用的"回沙"工艺。随着时代的发展，茅台地区的酿酒业也进展为无村不酒的景象，独特的酱香酒遂已定型。

康熙四十二年（1703），以茅台地名为标志的"茅春""茅台烧春""回沙茅台"已成为贵州酒肆的佼佼者。清咸丰《黔语》评价："茅台村隶仁怀县，河滨土人善酿，名茅台春，极清冽。"到道光年间（1840年左右），酿制茅台酒的烧房已不下20家。《遵义府志》记载："茅台酒，仁怀城西茅台村制酒，黔省称第一。其料用纯高粱者，上；用杂粮者，次之。制法：煮料和曲即纳窖中，弥月出窖烤之，其曲用小麦，谓之白水曲，黔人称大曲酒，一曰茅台烧。仁怀地瘠民贫，茅台烧房不下二十家，所费山粮不下二万石。"当时，茅台地区酒的产量已达百余吨，创造了中华民族酿酒历史上首屈一指的规模。[9]

《续遵义府志》记载茅台酒制法："纯高粱作沙煮熟和小麦面三分，纳酿地窖中，经月而出蒸烤之，即烤而复酿，必须数回然后成。初曰生沙，三四轮曰燧沙，六七轮曰大回沙，以此概曰小回沙，终乃得酒可饮，品之醇气之香，乃百经自俱，非假曲与香料而成，造法不易，他处难以仿制，故独以茅台称也。"[10]

茅台酒传统工艺具体细致的操作方法年代久远，因历史原因无完整文字记载，历代酒师视为祖传秘技，靠口授心传，师徒相承，掌握火候一贯都是靠脚踢手摸，全凭经验。新工人进入酒坊后，要先当杂役三年，才能升为伙计参与烤酒，再经过拜师学艺才能掌握酿造茅台酒的关键技术，条件很苛刻。如此下来，酒师前辈们各具特长，但操作要领不尽相同。但是时间就好似一双无形的手，将缕缕历史之线在此时交织揉捻在一起，汇聚而成可堪历史之任的技艺绳索。

2. 酱香成臻近代成[11]

进入新中国成立初期，茅台镇主要的三家酒坊（成义、荣和、恒兴）合并为地方国营茅台酒厂，三家酒坊的酒师操作方法不统一，存在师承门派之见，酒师们为统一操作各抒己见，众说纷纭。

1956 年至 1960 年，贵州省工业厅、省工业技术研究所先后成立恢复名酒质量工作组和贵州茅台酒总结小组，对茅台酒传统酿造工艺进行第一次全面系统的发掘和总结，起草了《茅台酒标准（草案）》，并制定茅台酒传统工艺 14 项操作要点，首次将口传心授的生产工艺转化为工艺指导书。

1964 年 10 月至 1966 年 4 月，国家轻工部组织"两期试点"科研项目，第一次用现代生物工程技术研究分析传统白酒生产工艺的科学机理，探索茅台酒的工艺秘密，再次总结了茅台酒生产操作技术，使得几千年的酿造工艺步入了科学化发展时代。"两期试点"肯定茅台酒香型具有三种典型体——"酱香、窖底香、醇甜"的正确性，摸索出了茅台酒的勾兑规律，对茅台酒工艺的继承创新产生了深远影响，同时，试验发现了茅台窖底香主要成分为己酸乙酯，对浓香型白酒发展起到了极大的推动作用。

1979 年，茅台酒厂通过长期试验和不断总结发表了《提高茅台酒的十条措施》等一系列论文，总结出茅台酒不同于其他名白酒的十大工艺特点（三高、三低、三多一少）；同年，全国第三次评酒会确定了茅台酒的标准评语为"酱香突出、幽雅细腻、酒体醇厚、回味悠长"，使茅台酒的酿造工艺要点进一步明晰，该评语一直沿用至今。

20世纪80年代至21世纪初，根据生产实际，茅台科研人员对14项操作要点和"两期试点"中的不完善之处进行补充。针对茅台酒一、二轮次酒酸度大、生酸猛，整个生产周期产酒呈现前猛后衰的情况，茅台酒工艺技术组制订相应对策，再次对茅台酒生产工艺改进优化，对茅台酒优质稳产和合理轮次产酒比例有着非常重大的意义。至此，茅台酒基本确定了生产工艺框架，并在历史沉淀的基础上树立起时代臻品的地位。[12]

3. 条修叶贯现代精

茅台酒传统工艺是独特的自然条件和酿造工艺科学结合的典范，既传承了古代酿造工艺的精华，又闪烁着现代创新科技的光彩。随着时间的推移，茅台酒传统工艺经过历代茅台人长期摸索、实践、总结，得以吐故纳新，于2007年形成了国家标准《地理标志产品：贵州茅台酒》（GB/T 18356—2007）。2016年，茅台人总结了一瓶茅台酒从投料到出厂需经过含五大流程、30道工序、165个工艺操作环节。2022年，茅台人总结提炼了四大传统工法22字工法要诀。

3.1 柢固源深的制曲工艺

茅台人坚持"人工踩制、两次翻仓、四十天发酵、六个月存曲"的制曲核心要义，围绕不同时节制曲微生物菌群培育要求，以"选、踩、发、拆、存"五字工法要诀，确保大曲黄白黑比例协调、糖化力适宜、复合香突出，形成曲香幽雅、品质优异的独具茅台特色的高温大曲。

3.2 精雕细琢的制酒工艺

制酒生产工艺是茅台酒传统工艺最重要的部分，茅台人坚持"一年一个生产周期、两次投料、九次蒸煮、八次发酵、七次取酒、高温堆积、高温馏酒"的核心要义，围绕产酒、产香微生物生长代谢要求，以"顺、润、蒸、晾、发、入、管、开、上"九字工法要诀，确保全年基酒产量合理，轮次产酒比例"两头小""中间大"，结构协调，基酒轮次风格特征典型，不同车间、班组、酒窖，窖的上中下各区域产酒风格稳定而又各具特色，能够为勾兑提供品质上乘、丰富多彩的基酒资源。

3.3 踵事增华的贮存工艺

基酒贮存是保证茅台酒质量的至关重要的生产工序之一。茅台坚持"陶坛贮、长期存、老带新、动态管"的核心要义，以"选、分、盘、存"四字工法要诀，确保贮存质量，基酒资源均衡稳定。基酒在陶坛内升华、老熟，为后续的勾兑操作贮得老酒芬芳。

茅台酒小批量勾兑

3.4 匠心独具的勾兑工艺

勾兑是茅台酒生产工艺中的关键一环，对茅台酒最终风格的形成和稳定酒质起着极为显著的作用。茅台坚持"以酒勾酒，酒尽其用，小勾精心，大勾精准"的核心要义，以"选、配、勾、放"四字工法要诀，确保基酒资源科学合理使用，各种基酒风格特征融合充分，茅台酒风格稳定典型。

二、周期酿造美

千百年来，茅台酒秉承传统工艺，秉持从原料进厂到包装出厂至少五年的时间法则，通过岁月的淬炼和沉淀，五年一轮、百次盘勾、自然酯化、香味聚合，最终造就了茅台独特的酿造周期之美。端午赤浪、重阳碧波、赤水河颜色变换，是大自然的奇观，也是茅台人酿造美酒的时间表。端午踩曲，重阳下沙，黄金轮次，寒来暑往，是自然与文化的酬和，也是穿越时光的密码。

1. 制曲——历时八月终得好曲

好曲出好酒。一块好的大曲，需要约八个月的精心打磨。在茅台酒生产中，制曲是茅台酿造周期之美的开端，每粒精选检验合格的小麦，须经四十天发酵、六个月存曲，最终成为"红缨子"高粱发酵的引子与关键，它的质量决定着所酿白酒的质量高低，故有"曲为酒之骨"的说法。

1.1 五月端午制曲——小麦初熟

端午节前后，恰逢夏日，小麦成熟，雨水增多，气温渐升，加之茅台镇特有的空气湿度和环境，十分有利于大曲微生物初期的自然富集和生长繁殖。端午制曲顺应时节，是世代茅台人在制曲周期时光里的经验升华，是茅台人刻在血液里的酿造周期，也是一瓶美酒的重要生命记忆，千百年来，皆是如此。在漫长的周期生产中，每一位制曲匠人都有各自的制曲方法和心得，在日复一日、年复一年的时光中打磨娴熟技艺，这是制曲随岁月变迁而恒久的周期之美。

1.2 四十天高温发酵——两次翻仓

在制曲车间，踩制而成的曲坯需在曲仓中进行长达四十天左右的高温发酵，发酵品温高达60℃以上，这是决定大曲质量的关键环节，通过对微生物的富集和筛选，最终形成包含细菌、霉菌和酵母的特殊微生物菌群，这些微生物为后期的制酒生产提供了必不可少的天然酶系和酱香酒特有的香气香味成分，为茅台酒的酿制播下了种子。在高温发酵期间，还会在一定时间节点进行两次翻仓，促进曲块升温、排潮，使曲块发酵均衡。发酵后的高温大曲具有酱香味突出、曲香浓郁等特点，这正是茅台酒酱香的主要来源之一。

1.3 六个月存曲——老熟稳重

发酵期结束后，需将曲块放入干曲仓中贮存六个月左右，使大曲微生物、酶系和风味达到完美平衡。六个月的贮存作为制曲周期的最后关卡，见证每块大曲的成熟平稳，经过时间沉淀的大曲磨碎成粉，开启新一轮的酿酒时

曲仓里温度高达 65℃

光。六个月的贮存赋予大曲成熟之美。大曲在贮存过程中，会发生一系列的变化，使大曲中的微生物进一步富集和纯化。大曲贮存过程中微生物还会代谢分泌产生一系列酶，对白酒酿造过程中原料的分解利用和白酒风味物质的生成具有重要作用。六个月贮存赋予大曲平稳之美。贮存过程中，大曲的水分会进一步降低，使大曲中微生物代谢活动相对钝化，水分、淀粉、还原糖、酸度等指标随贮存过程逐渐保持稳定，酶的活力逐渐降低，尤其是糖化力进一步降低，低酶活的大曲用于酿酒时，有利于制酒发酵的缓慢进行和风味物质的合成。同时，随着贮存时间的延长，大曲中醇类、吡嗪类物质及其他杂环类物质含量逐渐上升，酚类及醛酮类物质则随着贮存时间的增长而逐渐下降。

2. 制酒——一年一个生产周期

重阳时节，天气转凉，河水变清，茅台迎来了新一年度的下沙生产。从每年九月初九的重阳节开始，经过两次投料，多轮蒸煮、发酵、取酒、丢槽，恰好一年的时间。

2.1 两次投料——重阳肇始

重阳下沙，是一年生产周期的起始和基础。"沙"不是沙石，而是茅台酒酿造的主要原料——"红缨子"高粱的别名，由于这种高粱粒小饱满，呈赭红色，很像赤水河里的河沙，因此得名。茅台酒的酿造遵循季节性生产方式，选择在重阳下沙，有三个原因。一是红高粱成熟。重阳时节，河谷高粱成熟，用于下沙；一个月后，山冈高粱成熟，用于造沙（第二次投料）。重阳下沙，遵循自然时令规律。二是河水水质最好。此时赤水河由"赤"变"清"，水质是一年最好的时候，可以为茅台提供最好的酿酒用水。三是便于发酵。寒露之后，茅台河谷天气转凉，便于人工控制发酵过程。充足的原料和优质的水源，为茅台酿酒微生物提供了最佳的培育环境，形成特定的微生物群落结构，有利于微生物的生长繁殖，为七个轮次原料的自然发酵提供重要驱动力，最终得到各种轮次特征各异的基酒。因此，重阳下沙，是世代茅台人在千百年的酿造时光中的经验和实践的结晶，是刻在茅台周期酿造生产中的时间密码。

2.2 九次蒸煮——承前启后

九次蒸煮贯穿制酒酿造整个周期，它不像制曲生产那么独立，也不像堆积发酵特色鲜明，它就像一位隐士，在生产过程中默默奉献。九次蒸煮是茅台人对酒糟的认知基础，是时光给予茅台人打开酿造大门的钥匙。以固态蒸馏过程将影响白酒风格与产量的物质组分馏出，同时糊化淀粉质原料，形成短链淀粉和糊精，提供微生物容易利用的糖类物质，促进了微生物的生长与酿造进程的发展。九次蒸馏在整个酿造周期中起到了中心枢纽的作用，上可承接前期发酵产物的收集，蒸馏产生白酒产品；下可开启接续轮次的酿造过程，引导酿造进程的顺利进行；同时，对白酒产品的产量与风味品质存在着重大影响。

2.3 八次发酵——细腻协调

在制酒生产中，需进行八次加曲发酵，并注重摊晾面积与时长，确保各轮次基酒更加细腻柔顺。在晾堂上进行的开放式发酵又称为阳发酵，通过与空气直接接触，充分网罗空气中的各类微生物，实现各类有益微生物的扩培、繁殖，且发酵温度高达50℃以上，与高温制曲前后呼应，共同形成了各种各样的高沸点物质。在窖内进行的无氧发酵又称为阴发酵，采用茅台特有的紫红泥隔绝氧气，酵母菌缓慢将糖分解成乙醇，并伴随复杂的氧化、还原、酯化、水解等反应，生成特征分明的各类香味成分。阴阳发酵保证了茅台酒的质量和风味，两者作为茅台制酒生产工艺中的关键工序，贯穿整个生产周期，全年共有八次循环往复。这是传统技艺的传承，也是茅台人随四季变化，顺应天时，周期酿造的精髓和科学之美。

2.4 七次取酒——风格各异

作为茅台整个年度制酒周期中的重要环节，七次取酒是茅台人于千百年酿造时间中掌握自然规律的智慧体现。周期性取酒与自然节气对应，是时光赋予茅台人的规律之美。寒露至冬至期间，茅台冬暖无霜，为微生物的生长繁殖提供了适宜的环境，河水清澈，正好适合下、造沙生产；小寒至惊蛰期间，气温较低，微生物活性减弱，生产的一、二轮次产量适宜，基酒略带酸涩，正如青少年一般，青涩朦胧；春分至小暑期间，天气变热，夏季多雨，微生物进入最活跃、最复杂的时期，此时正是产量最好的"黄金"轮次，基酒酱香味突出，醇厚丰满，后味悠长，正如中年一般，成熟稳重；大暑至白露期间，茅台镇最高温度达40℃，生产的六、七轮次酒亦带有些许焦苦，酱味犹存，正如老年一般，老当益壮。各轮次基酒在多年的研究分析中，已被探明其独特的典型风味和作用，在时间的精心雕琢下，精细搭配，有益互补，共同酿造出时间的佳酿。

3. 勾贮——三年沉淀，佳酿飘香

在中国白酒中，唯有茅台贮存期最长。在茅台的酿造周期中，贮存占据了大多数时间。贮足陈酿、不卖新酒是茅台的质量坚守。每年生产的基酒经过检验评定后，需贮存一年开始盘勾（即把相同年份、相同轮次、相同香型、相同等级的基酒合并）；盘勾后的基酒还要贮存两年才能用于勾兑（即上百个不同年份、不同轮次、不同香型、不同等级的基酒组合调味），进行小型勾兑、大型勾兑后，勾兑酒需放回库房继续使用陶坛进行贮存，半年后方可进

行出厂检验，检验合格后才能包装出厂。因此，一瓶茅台酒从原料进厂至包装出厂至少需要五年时间淬炼。通过贮存，基酒自然老熟，香味愈加醇厚。贮存是整个酿造周期中茅台酒与时间的对话，也是其与自身的和解，漫长的静谧贮存中，轮次酒舍弃了初出茅庐的辛辣与刺激，变得醇和、柔顺、幽雅，逐渐蜕变老熟，以其幽雅醇香尽显酿造周期之美。

三、时间陈酿美

茅台酒一年的生产周期、不同的生产班组造就了茅台基酒各有特点，此为"存异"；三年陈酿产生老熟的味道，此为"成长"；勾兑令成品酒风格突出、质量均一标准，此为"精益求精"。在茅台酒生产的一生中，虽然看似复杂，但经过时间和人的共同努力，已然美妙绝伦。

1. 长期贮存的基酒，有时间的味道

1.1 时间赋予基酒什么样的味道？

千百年来，茅台酒为人们带去了美的享受，它用浓厚的底蕴和出色的品质，塑造了一个优秀的民族品牌。茅台酒之所以这么好，时间是关键，通过长时间的陈酿，赋予酒体风格、平衡及协调感。

时间对酒的品质有着怎样的影响？刚生产出来的新酒，有辛辣味、不醇和感，经过一定时间的贮存，使基酒自然老熟，这个过程即为"陈酿"。通过陈酿，可以减少新酒的刺激感、辛辣味，使酒体绵软适口，醇厚香浓，口味协调；从风味物质的角度来讲，随着贮存时间的延长，酒体中的水果香、花香、青草香、甜香、焙烤香等各香气维度比例均有所变化；低沸点化合物浓度逐步降低，高沸点化合物浓度缓步升高，这种变化使酒体更加平衡协调，口感更加醇厚细腻，从而造就了"茅台酒越陈越香"。[13]

有人说时间可以消磨一切，有的人在时间中被打磨精致，有的则消磨了意志。新生产的茅台基酒过于年轻，需要退去浮躁，变得稳重，少了稚嫩，就多了积淀，有了积淀，才能算合格的茅台酒。

1.2 长期贮存让酒体发生了怎样的改变?

茅台酒作为酱香型白酒的典型代表,坚持长期贮存,也就是新酒须在陶坛中陈酿至少三年以上。这里有两个美妙的要素:一是陶坛贮存,二是贮存三年以上。

从古至今,盛装酒的容器多种多样,按材质来分有陶器、青铜器、铁器、石器、瓷器,但陶器贮存酒的品质较好。通过对比,相对于不锈钢罐,用陶坛贮存的酒品质更优,这种差距在长期贮存中更加明显。茅台坚持使用陶坛长期贮存基酒,陶坛的微孔结构有一定的通透性,有利于基酒与外界环境的物质交换,就像人的吐纳呼吸一样,低沸点刺激性物质通过微孔挥发出去,空气中的氧气通过微孔进入陶坛促进基酒的化学反应;同时,陶坛中的微量金属元素起到一定催化作用,进一步促进基酒的老熟。[14] 在贮存过程中,随着氢键缔合、氧化、还原、酯化、水解等一系列缓慢的物理和化学变化,酒中的醇、酸、醛、酯等风味成分达到新的平衡。在长达数年的时间里,陶坛作为培育新酒的温房,时刻发挥着巨大的作用,帮助每滴酒吸收着自然精华。静止的库房与陶坛里的酒每时每刻都进行生命的互动,不断磨砺酒的品质。陶坛贮存是茅台酒品质卓越的重要环节,可以说正是因为有了合适的贮存器具,酒体才能达到理想的陈酿效果。

那么陈酿过程的酒究竟发生了什么反应,为什么需要至少三年的时间才能达到老熟的效果?简单地列举,贮存过程中,白酒可能发生的化学反应有酯化反应、水解反应、氧化还原反应等,物理方面则有挥发作用、缔合作用,在自然条件下,这些变化是缓慢发生的,是动态的过程。总的来讲,大体趋势为:一是乙醇通过氢键与水分子缔合,减弱白酒对味觉的刺激,使入口柔;二是低沸点刺激性物质从陶坛的微孔结构中挥发,使酒体更加平衡协调,使口感更加醇厚细腻;三是酯类物质水解及合成,丰富风味物质种类及维度;四是乙醛缩合生成乙酸乙酯,减弱酒体辛辣味。上述反应在贮存过程中一直在发生,直至达到一个"平衡"的效果,然而这种"平衡"需要长时间的调养。自然老熟的酒具有谐调美,就是靠长期的积淀,酒在贮存过程中不断地发生反应，让风味物质更加饱满丰富展现出来的效果。

1.3 茅台时间的味道不可替代

随着科学技术的发展，人工催陈技术已有了一定的研究成果。采用高温、磁场、高压、超声、紫外线等物理手段，或是催化、氧化等化学手段，可以一定程度上改变酒体，有的技术比较成熟[15]，有的技术则难度较大，但其目的都是加快酒体老熟进程。然而从客观角度来讲，催陈技术在实际应用过程中，生产出来的白酒和自然老熟的白酒还是有一定的区别。类似于画画和拍照。一幅世界名画，可能要花费数年时间来完成，其作品具备的内涵、韵味、意境或是思想都聚集了画家的心血，可能会深奥、晦涩，可能会沉郁、张扬，展现出独特的美感。拍照需要有好的设备、合适的景色，拍照很快，但为了一个好镜头所需要的技术和准备工作却不少。从本质上来讲，照片和名画都可以美，但这种美并不一样。

长期贮存的酒，有时间的味道，从工艺角度来讲，说的是茅台新酒需要经过长时间的一系列反应才能达到合适的风味。从质量的角度讲，三年贮存是经过前辈工匠们长期的经验积累得出的结论。贮存是一种手段，更是一种成长，用时间来打造一瓶好酒，自然有时间的味道。这种味道可以用品酒语言去描述，事实证明，陈酿对酒体有重要的影响。但这种味道应该解释为一种坚守和敬畏。坚守传统工艺，耐得住时间的考验，品质始终坚守；敬畏自然，顺应自然，让酒在自然环境中达到平衡，酒更自然协调。

2. 勾兑而成的酒，有老熟的味道

2.1 勾兑的作用是什么

白酒的勾兑，是一门技术，更是一门艺术。茅台酒勾兑的对象是多个轮次、不同贮存时间、不同典型体，其内容复杂而精妙，要掌握足够的品评技巧、勾兑经验以及直觉，才能做好白酒的勾兑。

勾兑是茅台酒生产的重要环节，起着画龙点睛的作用。不同轮次、不同车间生产的基础酒各有特点，从而导致成品酒的品质稳定成为影响产品质量的难点之一，通过勾兑可以达到统一产品质量、维持质量稳定的目的。也正

是由于生产酿造环节的特性，某一种基酒风味相对单薄，甚至可能存在一定的缺陷，勾兑可以实现不同基酒之间的取长补短、增进品质、由劣变优。

2.2 茅台酒如何从陈酿跨入勾兑

三年贮存，实际上并不是完全让基酒"放三年"，在贮存一年后，需要对基酒进行盘勾。存放一年的新酒发生了一定变化，逐渐退去辛辣，酒体变得更加协调，平衡的美感逐渐显现，口感更加醇厚细腻，风味更加自然老成。然而，此时的酒并未达到茅台酒基酒丰富度的要求，需要通过盘勾，即将一定数量的相同轮次、相同典型体、相同等级的酒液进行融合，增加每个酒液单元的丰富度，构建稳定的内在环境，加固基酒的平衡性，从而形成稳定风格的酒质。经盘勾后的基酒将再次入库贮存，在时间中进一步陈酿。

作为盘勾酒，其风格特点已基本定型，品评和勾兑技术人员将从利于勾兑的角度，结合现代风味物质检测手段，对这些盘勾酒进行定级。在科学的勾兑原则和悉心统筹设计之下，每一滴基酒都会有确定的去向，在最终的成品里发挥作用。

当基酒贮存到第三年，酒体已经可以满足小型勾兑条件，到了真正要绽放精彩的时候。勾兑师要通过技术手段和艺术手法去创作，将一百余个不同轮次、不同典型体、不同酒龄、不同酒度的基酒样品进行组合设计，不断地改进完善，直至将它们塑造成色、香、味俱佳的艺术精品。

2.3 勾兑美妙，赋予老熟的味道

勾兑之妙在于勾兑师以匠心匠艺精心设计，历经数次评审，铸造茅台酒"空谷幽兰"般的典型风格，像一曲和谐优美又极富个性风格的交响乐，或宁静舒缓，或激情四溢震撼心灵，呈现出艺术作品华美的灵魂气息。

在勾兑之前，每位勾兑师都会设想将要勾兑出怎样的酒，然后再通过手艺去实现这样的设想。老熟的味道一方面在于老熟香，更细致来讲可以是花香、水果香、青草香、枇杷香，这些味道通常是单一的物质成分或几种成分复合的香味，但是要在酒体中表现协调，就需要用勾兑手段精心设计。老熟的味道另一方面在于口感好，这样的好体现在柔和、醇厚、细腻，同样需要

用勾兑手段精心设计。

上百种酒样可以有上亿种组合方式，勾兑师如何找到最佳组合来赋予成品酒老熟的味道？这需要经验、技术、灵感的碰撞，以及现代化的科学技术辅助。也就是说，运用人精巧、反复的尝试、技术的验证，这才使得成品酒得以完成，正所谓"众里寻他千百度，蓦然回首，那人却在灯火阑珊处"，勾兑的美妙也在于此。

融合不同风格、不同年份基酒，多样性、勾兑后的酒体再贮存至少六个月以上，风格会更加平衡、综合，老熟味与其他风味维度相合度更好。最终，新酒在时光、技术、艺术的打磨中，蜕变成为优美的茅台酒产品。

参考文献：

1 莫言. 酒国［M］. 北京：作家出版社，2012.

2 国家质量技术监督局. 国家质量技术监督局公告 2001 年 4 号［R］.

3 国家质量监督检验检疫总局. 关于批准调整茅台酒（贵州茅台酒）地理标志产品保护名称和保护范围的公告（2013 年第 44 号）［R］.

4 国家标准化管理委员会. 地理标志产品：贵州茅台酒（GB/T 18356–2007）［S］.

5 陈兴希，季克良. 茅台酒的独特性概述［J］. 酿酒科技，2006（02）：79–84.

6 茅台酒厂、茅台酒厂志［M］. 北京：科学出版社.2010.

7 罗梅. 有一双眼睛一生凝视茅台［N］. 贵州日报，2009–07–21（007）.

8 陈兴希，季克良. 茅台酒的独特性概述［J］. 酿酒科技，2006（02）：79–84.

9 郭旭. 中国近代酒业发展与社会文化变迁研究［D］. 江南大学，2015.

10 茅台酒厂. 茅台酒厂志［M］. 北京：科学出版社，1991.17.

11 中国贵州茅台酒厂有限责任公司史志编纂委员会办公室. 中国贵州茅台酒厂有限责任公司志［M］. 方志出版社，2011.

12 孟望霓，田志强. 酱香型白酒风味物质贮藏周期变化规律分析［J］. 酿酒科技，2015，No.253（07）：21–27.

13 张书田，冯勇．陶坛陈贮工艺提升白酒品质的研究［J］．酿酒科技，2014，No. 243（09）：53–55.

14 李大鹏，卢红梅，龙则河等．酱香型白酒研究进展［J］．酿酒科技，2013，No. 225（03）：82–85.

15 秦丹，段佳文，李有明等．白酒老熟过程中风味成分的变化及人工催陈技术的研究进展［J］．食品科学，2021，Vol.42（23）：260–267.

第 四 题

茅台酿造工艺之天人合一哲学

"天人合一"是中国哲学和文化的精髓。从董仲舒的"天人之际,合而为一"到程颢、程颐的"天人本无二,不必言合",再到王阳明"人心即天理"的天人合一观,"天人合一"一直是中国哲学的一个重大命题。

"天"既指天地万物,即有形质的事物的总体,也指天地万物所处的本然状态。《道德经》曰:"人法地,地法天,天法道,道法自然。"《庄子·齐物论》云:"天地与我并生,而万物与我为一。"天人合一哲学主张人和自然在本质上是相通的,要求一切人事均应取法自然,通过各种方式参悟天道,顺乎自然规律,达到"虽由人作,宛自天开"的天人一体之境。

茅台酒之酿造工艺,在于循天时、接地利、造人和,在道法自然之间相辅相成、融会贯通,达到三才兼具、天人合一的境界。

茅台酒传统工艺核心环节主要靠手工操作,古老而独特,是独特的自然条件和酿造工艺科学结合的典范,既继承了古代酿造工艺的精华,又闪烁着现代科技的光彩。我们通常会说,"茅台酒用高粱基地才是茅台酒的第一生产车间""酿酒工人所有的操作,都是为微生物的生长繁殖创造条件"——这些实际上就是茅台酿造工艺的天人合一哲学,在现代科学表达体系里面的具体体现。具体而言,茅台酿造工艺的"天",主要包括了四季轮回、节气流转、太阳活动、微生物及其微生态环境等;茅台酿造工艺的"地",主要包括了地形、土壤、水质、海拔等;茅台酿造工艺的"人",主要指在这样的天地环境中辛勤劳作的世代工匠，以及技术研究、工艺管理和服务保障人员。

第一节　茅台酿造工艺之顺应天时

一、茅台酿造工艺与二十四节气的对应关系

茅台酒的四季对应二十四节气的"四立"，四季之间，分别以"两分两至"为分界和起始。

立冬为投料季。以立冬为中、前后各两个节气，共5个节气组成（寒露至大雪）。

下沙一般在寒露与霜降两个节气之间，农历重阳节前后进行，通常叫"重阳下沙"。寒露之后，气温明显转凉，赤水河水质既因丰水期河床冲刷而富含大量矿物质元素，又因雨量大幅减少而变得清澈，为投料提供优质水源保障；而此时河谷地带的高粱已经完成收割，为投料提供了优质的原料保障。下沙轮次只投料、不产酒，为后期能量的逐步释放和产酒做准备，是为全年生产打基础的轮次。

造沙轮次始于立冬，历经立冬、小雪、大雪三个节气，此时气候逐渐寒冷，万物进入休养、收藏状态，而茅台酒生产也进入了收藏、融合、蓄能的时节。而"造"[1]者，"融"也，即"生沙"与"熟沙"的交汇、融合，再经上甑蒸煮、摊晾拌曲、堆积发酵以及再次入窖发酵等工艺环节后，加上时间、微生物的系列作用，酒醅在窖池内悄然发酵、蓄势待发，等待一次酒的孕育萌生。

立春为前期轮次季。以立春为中，前后各两个节气，共五个节气组成（小寒至惊蛰）。

一次酒是全年取酒的开端，冬至时节是一年中最寒冷的时候，微生物活动较弱，堆积发酵进程缓慢，作业时间和堆积发酵时间较长，契合了"冬藏"的规律，保障了合理的轮次取酒，也是能量积蓄和香味富集的重要过程，为

"大回酒"轮次的充分释能奠定了坚实基础。

二次酒是作业跨度节气最多、窖内发酵时间最长的一个轮次，一般在立春和春分之间，此时气温逐渐回升，地气逐渐上涨。微生物逐步活跃，促进堆积发酵的进行，同时酒醅进一步糊化，既有积累能量的作用，又有蓄势待发之势，为"大回酒"优质稳产打下坚实、有利的基础。

立夏为"大回酒"季。以立夏前两个节气至立夏后四个节气，共七个节气组成（春分至小暑，与二十四节气形成的主要地区黄河中下游地区相比，茅台地区纬度较低，夏季较长）。

三次酒是茅台"大回酒"的第一个轮次，春分过后，历经清明、谷雨两个节气，随着气温升高，万物生长，历经下、造沙轮次的艰辛培育，一、二轮次的能量蓄积，产量得到充分释放，这时期，蛰伏已久的产酒、产香微生物开始活跃，促进堆积发酵的均衡、充分，为四次酒做充分的准备。

四次酒作业跨立夏和小满两个节气，此时雨量充沛，万物繁茂，进入高温高湿多雨季节。经过前面五轮发酵，此时，酒醅中各种营养物质达到平衡，各种微生物的生长代谢也进入了一种平衡状态，发酵产生的各类香气香味物质含量适中，酒体特征平衡协调、精力充沛、风格完整，具有"中庸"的特点，属茅台酒的中流砥柱。

五次酒是"大回酒"黄金轮次的收官之作，地位非常突出。在芒种、夏至、小暑节气，茅台地区的气温最高可达40℃，高温高湿多雨，微生物生长旺盛。高粱前期积蓄的营养物质逐渐消耗，淀粉消耗较多，产量较四轮次有所降低，酒体经六个轮次高温发酵的积淀，达到了成熟稳重阶段，像茅台酒风味库里的"智者"，具有强大的塑形能力。

立秋为后期轮次季。以立秋前一个节气至立秋后二个节气，共四个节气组成（大暑至白露）。

大暑过后，行至立秋、处暑，是阳气渐收、阴气渐长的转折，万物开始从繁茂成长趋向萧索成熟。**六次酒**生产经过七次蒸煮、五次取酒，轮次产量渐低，酒体愈加成熟，而糟醅进入萧索。本轮次也是做好秋之整肃、谋划来年生产的转折轮次，恰从这轮次起，生产预留一定数量的母糟，用于来年生产，新的一轮能量蓄积就此展开。

七次酒是茅台酒的"收官"轮次，一般在处暑和秋分之间，茅台酿酒人历经一年一个周期的寒暑磨砺，在七轮次后完成了全部的收获，全年生产结

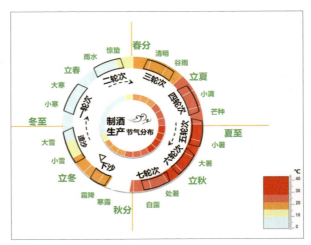

茅台酒酿造工艺与二十四节气对应关系

束，各生产要素进入休养生息阶段，下、造沙投入的高粱也完成了最后的使命，丢弃糟醅制成有机肥回到高粱基地。周而复始，回归自然，体现了茅台酒生于自然又回归自然的循环之美。

二、茅台酿造工艺天作之美

"圣人知自然之道不可违，因而制之。"[2] 人的主观意识只有在遵循天地自然法则时，才能顺应天时发挥巨大作用。茅台酿造工艺，正是顺应天时的典型代表。

从太阳运动位置讲，太阳在北回归线、赤道、南回归线之间往返形成四个阶段：春分开始，太阳由赤道向北半球运动，气温日渐升高，茅台酒生产进入黄金轮次，历经三、四、五"大回酒"轮次，此时气温高、微生物生长繁殖活跃、产酒量高、酒质极佳；到夏至时，太阳达到北回归线，折返往赤道运动，经小暑、大暑两个缓冲节气后，气温开始逐渐转凉，此时产酒量明显减少，至秋分太阳运动至赤道时，茅台酒一年生产结束，不再产酒，进入一年一度的休养生息阶段；从秋分到冬至，太阳处于离我们越来越远的运动状态，此时正值高粱收获完成，天气转凉，利于整肃、休养，此时茅台人开

造沙：经过润粮的高粱与重阳下沙封窖发酵成熟的酒醅，一比一拌和

始下沙、造沙，像冬小麦一样，开始孕育第二个丰收年度，此阶段，茅台不产一滴酒；从冬至开始，太阳离开南回归线向赤道运动，北半球逐渐迎来了希望，一轮次酒就此开烤，烤酒的同时，也通过一、二轮次长时间的精细操作、长时间的堆积发酵、长时间的窖内发酵，为后期的生产蓄积足够的营养与能量，迎接春分的到来，迎接又一个"大回酒"黄金轮次的到来。

从全年气候讲，主要呈现冬季轮次时间跨度长、夏季轮次时间跨度短的特点。一般冬季轮次横跨三个节气、夏季轮次横跨两个节气，其生产特点与各节气气候特点高度契合，秋冬季节，万物整肃、收藏，节奏减缓，茅台酒生产作业节奏亦趋缓慢、产酒量降低；春夏季节，万物复苏、欣欣向荣，茅台酒生产作业节奏也明显加快，产酒量增高。另外，在制曲工法方面，芒种前后，小麦归仓、气温升高、空气潮湿，此时启动制曲生产，高温、高湿的环境对高温制曲工艺极为有利。

第二节 茅台酿造工艺之承接地利

一、工艺与水

水是酿造茅台酒的三大原料之一。水在茅台酒中的体积占比约为47%，是最重要的成分之一。从分子结构看，酒精（CH_3CH_2OH）分子由乙基和羟基两部分组成，可以看成是乙烷分子中的一个氢原子被羟基取代的产物，也可以看成是水分子（H_2O）中的一个氢原子被乙基取代的产物。综上，水理应是茅台酒的"本源"。

在中华传统文化中，水是"上善"的化身，被历代先贤赋予了极为丰富的文化内涵和哲学内涵，形成了厚重而独特的中华水文化。黄河与长江这两处至关重要的水源，滋养着中华民族繁衍生息，哺育了璀璨的华夏文明。雄奇俊秀的赤水河浇灌了以茅台为核心的中国酱香酒文明，滋养了赤水河两岸方圆百里、跨越千年的酱酒醇香。

汩汩流淌的山泉、春风化雨的甘霖滋养高粱、小麦等原料生长成熟。沸腾滚烫的润粮水、热气腾腾的水蒸气为曲醅、酒醅营造合适湿度，参与和推动发酵。酒体中的水承载融合各种天然呈香呈味物质，并与酒精分子紧密缔合成为茅台酒。赤水河集秀水灵泉为一身的优质水源，是酿造茅台酒的天然原料，水作为酒醅中的重要成分，参与并推动一系列深奥、复杂、细腻的物理变化和化学反应，酝酿出茅台酒。在茅台酒酝酿的不同阶段，水发挥作用不同，呈现形态不同，但都展现了浓郁的自然之美、形态之美，继承并实践了深厚的水文化内涵。

"水利万物而不争"。在制曲工法中，水生动诠释了"事了拂衣去，深藏身与名"、"无为"而"无不为"的哲学内涵。新鲜冬小麦含水量约为39%，晾晒脱水后，水分降至13%以下，加水拌料踩制的新鲜曲醅，水分含量约为39%，经过高温发酵出仓的干曲，水分降至17%。水在麦田里哺育小麦，在晾晒时转身而去，在加水拌料时又与小麦重新相融，在发酵阶段又再次毅然离去，它其实没有特意去做什么，只是按照本性在活动，滋养数以亿亿计的微生物繁衍生息，培育出了产酒、产香功能菌和茅台酒香气、香味前体物质丰富，糖化力适中的优质高温大曲。

水是生命之源。端午时节，茅台气温高，大量赤水河水蒸腾到空气中，形成高湿度大气环境，滋养了种类丰富、数量可观、代谢活跃的微生物。曲醅中的水溶解了小麦中的营养物质，滋养了小麦自带的香味物质和微生物族群，调节出了最适宜的酸碱度、温度、湿度，营造了最自然、最适宜微生物繁衍栖息的曲醅环境。重阳下沙，既避开了夏季高温期，又避开了夏季赤水河洪水期，这时期，赤水河鱼翔浅底，卵石可数，水质无色透明，无臭无异味，微甜爽口，含多种对人体有益的成分，呈天然弱碱性（pH 值为 7.2—7.8），赤水河上游无任何工厂，水质未受污染，更是酿酒的宝贵自然水源。

二、工艺与土壤

土承载万物、滋养万物，茅台酒亦生于土，酿于土，熟于土。茅台匠人们年复一年地在这片土地上耕耘，延续着对土地与生俱来的崇拜和依赖，茅台地区"全国少有"的紫色土壤养育了"全国独有"的茅台酒，可谓相得益彰而青出于蓝。

茅台地区独特的土壤。 茅台镇主要受海拔高度和岩石风化后成土母质影响，广泛发育着紫红色土壤。土壤酸碱度适中，有机度 1.5%，多粒状结构，碳氢比 8—9 左右，质地中性，代换量 10—15 毫克当量 /100 克土，盐基饱和度约 70%—80%，呈中性及微酸性反应[3]。20 世纪 60 年代，中科院土壤研究所专家到茅台镇考察后，认为"茅台这种紫色钙质土壤全国少有，是茅台酒生产的重要基础"。

"土味"十足的酿酒环境。 除高粱和小麦都在土地成长成熟外，酿造的每个环节都有"土"的参与。"三合土"晾堂上，酒醅摊晾和堆积发酵，网罗和繁衍的微生物是茅台酒生香呈味的重要来源；"窖底泥"承载和受纳窖内发酵，营造了适宜的窖内环境，赋予了茅台酒更加丰富的风味特征；"封窖泥"

营造无氧的窖内环境，让酒醅通过"阴发酵"终于产生了酒；"陶土坛"怀抱着基酒呼吸三年，让茅台酒有了时间的味道，历久弥香。

神奇的"三合土"。 由紫红泥、石灰、煤渣按特定比例制成的三合土，用于铺设制曲车间和制酒车间晾堂。三合土晾堂多孔而粗糙，具有吸水、透气等特性，有利于微生物、营养物质和水分的附着，有助于微生物繁殖。所以，有经验的茅台工匠都知道，在摊晾酒醅时，只要能满足温度要求，就要尽量扩大摊晾面积，多打造、多踢糟子，让晾堂表面生长繁殖的酵母菌充分进入酒醅；每天生产作业排数不能太多，避免后面排次摊晾时酵母量太少，平时要保护好晾堂，不要轻易弄湿晾堂，不要弄脏晾堂，不要轻易重新制作晾堂。

窖底泥和封窖泥。 茅台地区的紫红泥直接投入使用，分别在窖底和窖面两端，起着维护发酵环境、赋予茅台酒风味的关键作用。封窖泥和窖底泥具有黏性大、密封性好的特点，能有效隔绝空气，同时还可以排除废气，形成"无氧"的窖内环境，让酵母菌代谢生成酒精。同时，窖底泥和封窖泥潜移默化地将泥土中的微生物和矿物质赋予酒醅，形成独特的茅台酒风味物质，茅台酒三大典型体之一的"窖底香"就是明证。

"会呼吸"的陶坛。 陶坛看似无声，实则有息，被誉为东方"橡木桶"。陶坛在高温烧制过程中形成微孔网状结构，在贮酒过程中起着呼吸和透气作用，一方面缓慢地将外界的氧气导入酒中，促进白酒的酯化和其他氧化还原反应，增强乙醇分子和水分子的缔合能力；另一方面将茅台酒陈化过程中产生的醛类物质、硫化物通过陶坛的细孔排到空气中。另外，陶坛中的矿物质元素能够促进酒分子的重新排列，有助于白酒老熟，让刺激、辛辣的新酒变得醇厚、绵柔，更有益健康。

第三节　茅台酿造工艺之天人合一

天人合一，所以"成万物"。茅台的历代工匠们，在天地阴阳转换、刚柔相济之中，寻找、把握各工序各环节各参数的平衡。随节气流转变换作息与生产方式，与天地为一体，配合气候节制生产，在微生物此消彼长之间创造合乎茅台酒生产的条件与节奏。

一、天人共种

高粱、小麦作为茅台酒最主要的原料，其种植、采收、储存——整个过程都至关重要，茅台人常说的"原料基地是茅台酒第一生产车间"这就极为形象地阐释了原料对于茅台酒生产的重要性。茅台地处黔北山区，坡地多、平田少，土地产出极低。但"上天有好生之德，大地有载物之厚"，正是这样的田与土，产出了粒小皮厚的糯性高粱，非常适合茅台多轮次反复蒸煮翻造和高温制曲工艺。"清明种高粱，寒露割高粱"——一句赤水河流域农谚，道尽了茅台原料天人共种的思想与实践。这些土生土长的原料"精灵"，又是农民在顺应自然、利用自然中，用阳光、雨露和勤劳的双手共同耕种而成的。天、地、自然乃万物生命之源。阳光、雨露、土壤、粮食都是天地的恩赐，人类想要获得这些恩赐，不仅要勤恳劳作，还要懂得与自然和谐相处以及感恩和回馈大自然。我国的农耕文化便是追求人与自然和谐相处，可以说，"天人合一"思想的基础就是农耕文明，农耕是循环的，特点是靠天吃饭。茅台镇地处低纬度、高海拔山区，属亚热带温湿季风气候区，冬无严寒，夏无酷暑，常年气候凉爽。其高粱主产区平均海拔 1000 米，光、热、水资源丰富，年均温度高（14—18℃），无霜期长（270—290 天），年降雨量 1100—1300毫米，土壤多为黄壤类型，非常适宜酒用高粱生长[4]。当地人们利用节气规律进行高粱种植和收储，其中，高粱籽粒用于酿酒，高粱穗加工为扫帚，高粱秸秆生产食用菌原料后回田作肥料利用等，充分体现了酿酒原料——高粱种植、使用及处置的"天人合一"之美。

二、天人共制

酿酒学的真正入门，是从制曲开始的。

曲的价值和伟大超出人类的想象。曲的本意是"社会最基层组织的变动"，古代的乡村组织叫作"乡曲"。一个国家的治理，是从构建"乡曲"开始的，"乡曲"必须对村子里的"水、地、粮、人"等基本要素，打破边界，重新编制，孕育出一种新的曲调、结构和规则。因此，"乡曲"被称为社会最基本的"骨架"。非常玄妙的是，"酒"的形成也是从"曲"开始的。所以，"曲是酒之骨"才流传至今。

《书经·说命篇》对曲有过这样的记载，"若作酒醴，尔惟曲糵"。这说明曲对于酿酒的重要性，从时间上来看，也足以说明当时祖先的科技已经站在世界的前列。

"天"在这里指的是微生物，"天人共制"讲的是微生物和人一起制曲。微生物变化规律中的主要因素是温度、微生物及制曲工艺特点。由于制曲前期采用低温培菌，这使得需氧量大、生产温度低的霉菌和酵母菌在曲堆表层大量繁殖，特别是生长快的根霉。后来，随着微生物有氧呼吸启动释放出来的多余能量，使品温迅速升高，不再适宜霉菌和酵母菌的生长繁殖。这时，霉菌以休眠体状态存在，大部分酵母菌衰老死亡，而高温细菌则利用曲坯丰富的营养和水分，在曲坯内大量繁殖。经过高温阶段的培养，最后形成以细菌、霉菌和部分酵母菌为主的微生物菌系。

制曲过程中，以酿造微生物生长代谢良好为核心，因时、因地制宜，坚持传统酿造技艺，将小麦、水和母曲搅拌均匀，通过人工踩制成形、入仓堆积、两次翻仓、四十天发酵、六个月存曲等工序环节，围绕不同时节制曲微生物菌群培育要求，抓好"选曲、踩曲、发曲、拆曲、存曲"五个关键环节，确保大曲黄白黑比例协调、糖化力适宜、复合香突出，形成曲香幽雅、品质优异的独具茅台特色的高温大曲。

"选"，即母曲优选，选取香味好、硬度适宜的曲块，去除虫蛀粉末后用作母曲，根据季节变化合理调节母曲用量，冬季多用、夏季少用。"踩"，即曲坯踩制，要根据小麦软硬度情况，合理调节小麦磨碎度，结合季节、场地等的环境条件，合理调节拌料水分，并做到曲坯踩制一次成形，饱满紧实。"发"，即入仓发酵。工匠们结合季节变化和入仓位置合理控制摊晾时间，入仓时装仓紧实，新老草搭配使用，确保用量合理，同时要根据不同季节，合理调节水用量，并在入仓后适时翻仓，翻曲迅速、疏松、规范。"拆"，即拆曲入仓，拆除曲块上稻草，进入干曲仓。"存"，即大曲贮存，加强大曲入仓管理，有效控制大曲虫蛀，同时通过合理生产调度，确保六个月左右存曲。

"选、踩、发、拆、存"这五个字里面，无不彰显了人"**在对的时间做对的事**"，在制曲生产的每一个环节，通过对温度、水分、氧气的控制，让微生物最大限度发挥作用和价值，制成优质大曲的天人共制之美。

三、天人共酿

围绕产酒、产香微生物生长代谢要求，以"顺、润、蒸、晾、发、入、管、开、上"九字工法要诀，确保全年基酒产量合理，轮次产酒比例"两头小""中间大"，结构协调，基酒轮次风格特征典型。

顺——顺应时节安排全年生产，重点把好四个节点：**寒露**刚过，开启一

上甑

年的生产即下沙，此时，气温与茅台酒下沙轮次需要的产香微生物生长温度相适配。**立春**后开烤二轮次，根据二轮次酒醅基质受低温天气影响较为明显的特点，在立春后开烤二轮次更加利于生产操作，可有效保障二轮次堆积发酵质量。**春分**后开烤三轮次，春分后，气候温和，雨水充沛，温度和湿度均在逐步升高，湿热的环境正适合微生物生长代谢，正是酿酒的最佳环境。**小暑**前完成五轮次，气温过高，不利于微生物生长发酵，且易出现堆积

摘酒

"反烧"现象，而微生物生长最适宜的温度在28℃至32℃，小暑节气代表炎热的"三伏天"即将开始，为尽量减小气温过高对堆积发酵质量的影响，进而影响产酒，五轮次生产在小暑前完成为宜。

润——坚持传统润粮操作，取富含矿物质的优质赤水河河水作为酿造用水，加热沸腾后泼洒至高粱当中，通过人工翻拌，让高粱充分吸收充分融合，为高粱的蒸煮创造良好前提条件。

蒸——根据润粮情况，合理控制蒸粮气压和时间，找到最佳的契合点，确保高粱蒸煮后熟而不烂、富有弹性，既能为微生物提供充足的营养物质，又要保障高粱淀粉逐步合理释放。

晾——精细晾堂操作，将蒸煮好的粮醅（酒醅）均匀合理铺散开来，通过人工打造降温，将粮醅（酒醅）温度均匀降低至产酒产香微生物生长繁殖最适宜的区间范围，再拌入优质大曲，创造酿造微生物接种和扩培的最有利

摊晾

拌曲

条件。

发——坚守高温堆积发酵，大多数酒都只有一种发酵方式，而茅台酒却有两种发酵方式。将拌入优质大曲后的粮醅（酒醅）收成堆后的发酵称为阳发酵即开放式发酵，也指有氧发酵的过程，这样通过高温堆积，在地面上进行发酵的方式，能够充分摄取、繁殖、筛选空气中的微生物。开放式发酵能够产生很多数量和种类不同的微生物，生成大量的香味前体物质。古人认为，这样的过程，是让这些粮食吸收天地阳气，故称为阳发酵。

入——精准把控入窖时机，在阳发酵过程中，当微生物生长繁殖到数量最多、结构最优、质量最好的时候，将这些吸收了天地阳气的粮醅转到窖池里，再用窖泥密闭，进行厌氧发酵又称封闭式发酵，故称为"阴发酵"。古人认为，通过这阴阳发酵工艺酿造的酒具备了阴阳和谐、五行兼备的特点。

管——强化窖底、窖面制作和管理，在入窖前会提前挑选堆积发酵过程中上乘的酒醅拌和尾酒和大曲后制作"窖底""窖面"醅，为入窖酒醅披上两层优质且香味浓郁的特殊"营养源"，静待产香产酒微生物在厌氧条件下"发光发热"。

开——待厌氧条件下的产香产酒微生物功德圆满，即三十天窖内发酵期满后，开窖逐层取出酒醅，等待上甑摘酒的冲刺释放。

上——按照轻、松、薄、匀、平、准要求，见汽压醅，精细"上"甑，让前期结出的"果实"转化成一滴滴香浓的美酒，该环节独有的高温馏酒工艺，能使易挥发的有害物质更多地挥发掉，从而留下有益的物质，对人体的刺激小，是饮后不上头、不辣喉、不烧心的重要原因。

制酒工法九字要诀，每一个都是工匠们在一锨一铲中，"不违自然之道""因而制之"浑然天成的具体体现，工匠们根据各季节的气候和温湿度条件节制生产节奏，以达到微生物需要什么环境，就创造什么环境；微生物生长到哪个阶段，就采取适合哪个阶段的生产操作……每一个环节都充满了天人共酿之美。

四、天人共勾

茅台的制酒生产通过一年二十四个节气的周期、7个轮次的淬炼，将原料中的精华转化为具有不同风格特点的液体精灵，全年有来自700多个班组约1万个窖池、130多万甑基酒，汲取了过百万个生态位点的特点，汇聚产生了十多万坛不同特点的具有鲜活生命力的液体精灵，进入勾贮车间库房的万千陶坛之中。

新产出的酒就像年轻的小伙，需要岁月的磨炼才能更加睿智、更具内涵，岁月让人生得到历练与升华。酒也是这样，酒液精灵在时光中抹去了青涩，褪去了粗糙，收敛了个性，香味开始变得细腻、柔和、醇厚、回味悠长，每个酒液精灵都在岁月中不断追求内在平衡之美，逐渐固化自身风格特点，这就是每滴酒液的自然老熟过程。

茅台酒作为酱香型白酒的典型代表，酒液须在陶坛中陈酿三年以上，而陶坛作为培育酒液精灵的温房，可以帮助每滴酒液吸收着自然精华，让它们在悠悠岁月中逐步成长。外观静止的库房与陶坛里的酒液精灵每时每刻都在进行着生命互动，充分同周边空气进行自然交流，在流逝的时光中，不断磨炼提升酒液的品质。陶坛贮存可谓是茅台酒卓越品质的重要密码。

在刚进入陶坛中时，精灵们身上还洋溢着"初生牛犊不怕虎"的激情，身体里面的一些低沸点的物质，如硫化氢、硫醇等不甘于沉寂在漆黑的陶坛中，而诸如乙醛等具有辛辣气味的物质也想冲过黎明前的黑暗，寻得自由。此时，陶坛充分打开身上每一处的微孔网状结构，形成一根根毛细管，助力这些不甘于寂寞的低沸点物质尽情地挥发，同时将外界的氧气缓慢地输入陶坛中，促进酒体的酯化和其他氧化还原反应的发生。同时，由粒粒陶土烧结而成的陶坛，富含铁、钙、铜、镁、锰等多种对人体有益的微量元素，在长时间的贮存过程中，这些微量元素会缓慢地溶解到酒体中，然后以这些微量元素为中心，酒分子和水分子可以紧密地缔合，形成稳定的大分子团，褪去酒体的青涩，让酒体变得更加成熟。

一年以后，陶坛还是稳稳地屹立在原处，然而坛内的酒体通过缔合、挥发、氧化、还原、缩合等物理化学变化，逐渐退去辛辣，变得更加协调，平衡的美感逐渐显现，口感更加醇厚细腻，风味更加自然老成。但是每坛里的酒液精灵特点不够丰富，还远远不能满足茅台酒对基酒丰富度的要求，需要进一步提升。这就需要将一定数量的酒液进行融合，来增加每个酒液单元的丰富度，构建形成稳定的内在酒液环境，加固平衡性，形成稳定风格的酒质。这就是茅台酒特有的盘勾工艺，也是保障酒液精灵经勾兑形成优质成品的基础。盘勾就是以10吨的酒液精灵组合形成一个单元，将相同年份、相同轮次、相同典型体、相同等级的酒液精灵进行合并，通过移动盘勾平台把它们充分搅拌均匀后重新赋予新的名称信息。这相当于酒液精灵的第一次蜕变重生，成为盘勾酒。根据酱香酒的生产特点，不同轮次的酒液精灵按照生产顺序与贮存时间的要求，逐一进行盘勾，持续近一年的时间方能完成，全年形成5000多个单元的盘勾酒。盘勾完成之后，它们被再次入库贮存，继续接受时光的洗礼。从新酒到盘勾酒，作为基酒的它们，特点已基本定型，单一轮次的基酒经过贮存在老熟度上表现突出，但是与其他风味维度的协调性稍差，有些负向风味物质表现也可能过于突出。这时，专业品评和勾兑技术人员会结合风味解析技术，共同对这些盘勾酒进行定级，给予精准的身份标签，并把那些不利于茅台酒整体风格、呈现负向风味的破坏分子揪出。这样的评定与分拣促进了每滴酒的价值分化，优质的基酒会被充分地利用于勾兑中，实现它的价值，而那些被揪出的破坏分子将会被限制用于茅台酒的勾兑中。这些基酒身份信息为茅台酒的勾兑提供了重要数据基础，它们将会在茅台酒勾兑用酒原则下，通过科学统筹设计形成科学合理的使用规划。这也确定了每滴基酒的最终去向，指引着它们逐渐向所归属的成品靠拢。

　　在酒液精灵贮存的第三年，到进入小型勾兑，它们到了释放精彩价值的时刻，勾兑师们通过技术与艺术相融合的创作，将100余个不同轮次、不同典型体、不同酒龄、不同酒度的基酒样品进行组合设计，不断地改进完善，直至将它们塑造成色、香、味俱佳的艺术精品。勾兑之妙在于勾兑师在不同特征、风格各异的基酒之中，以匠心匠艺精心设计，取长补短，融合凝练，铸造茅台酒幽雅细腻、丰满醇厚的典型风格，像一曲和谐优美又极富个性风格的交响乐，或宁静舒缓，或激情四溢震撼心灵，呈现出艺术作品华美的灵魂气息。融合不同风格、不同年份基酒多样性勾兑后的酒体再贮存至少六个月以上，风格会更加平衡、综合，老熟味与其他风味维度相合度更好。这些酒液精灵在时光、技术、艺术打磨中逐渐成为优美的产品。

滴滴醇香精灵历经这些工艺的打造、三年多的岁月陈酿铸就、勾兑师匠心匠艺的倾心设计，形成了茅台酒"酱香突出、酒体醇厚、幽雅细腻、回味悠长、空杯留香持久"的典型风格，为消费者提供了美的享受。

参考文献：

1　音 cào。茅台方言，把两种及以上不同的固体物质拌和在一起。

2　出自《黄帝阴符经》。

3　生产茅台酒的地理位置有什么特点？［N］.贵州日报 . 2002-09-19.

4　熊先勤，陈瑞祥，杨菲，贵州高粱生产现状及发展对策初探［J］.贵州农业科学，1997，25（增刊）：31-32。

第 五 题

茅台酿造工艺之平衡哲学

平衡是中国古代思想的一个基本追求和智慧。《道德经》云："万物负阴而抱阳，冲气以为和。"《周易·系辞上》云："一阴一阳之谓道。"平衡意味着事物的存在是不同存在者在多样性、差异性基础上的和谐统一和整体性关系。平衡不是机械、静止的对称，而是静中有动、动中有静的处置之道，因而是一门智慧、艺术。平衡给人以稳定中透出动感、一致中显出活泼的美感。只有掌握平衡之道，才能与万物构成和谐统一的共同体。

在中国白酒中，茅台酒的酿造工艺最特殊，堪称技术与艺术、人与自然完美精妙的结合[1]。茅台酒酿造工艺以"致中和"的平衡哲学贯穿始终，使得源于"天地"的时令、气候与参与酿造的"万物"相宜相和，酿就了绝世佳酿。无论是横贯酿酒生产的物料、过程和产品，还是纵贯历史长河的传承与创新，茅台总在动态平衡中发展与前进。茅台的平衡哲学，是逻辑思维、辩证思维、系统思维交织的精粹，于多个因素中求得自然而然的平衡，实现了酿酒人与酿酒工艺的统一，真正实现了天人共酿。

第一节　承故纳新，继往开来——酿造物料的新老平衡

《商书·盘庚》有言："物惟求新"。然而于茅台而言，高粱、小麦这些酿酒物料惟有新与老相辅相成、相互促进，才能酿就杯中之美。无新，则酿造

无以为继，高粱、小麦是酿酒不可或缺的原料，无新粮则无根；无老料，则酿造失其神，母糟、母曲是茅台酒风格的基石，无老料则无源。新与老的平衡，是传承，也是融合，新老之间以平衡为美。

一、制曲——麦曲相承

曲为酒之骨。茅台大曲从发酵到成曲都是一个敞口作业的过程，大曲中的微生物除来源于得天独厚的酿造环境外，很大程度上还来源于酿造物料，新老物料的平衡是保证大曲质量的关键。茅台大曲制作的原料由小麦、母曲和水组成，其中母曲是留存的色泽金黄、曲香浓郁的优质生产用曲，它是大曲发酵的引子与关键，起到接种微生物的目的，其"质"与"量"直接影响着大曲品质的高低。母曲的使用是酿酒匠人智慧的结晶，母曲与小麦间的新老平衡则尽在匠人之手。母曲用量过少，会出现曲坯发酵不透彻、曲香味不好、生麦味重等现象；母曲用量过多，则出现曲坯发酵过度、烧坏曲坯、产生焦煳味等现象。母曲与小麦的新老平衡既可保证大曲的适度发酵又可在合理范围内实现新老物料的"物质"传递。制曲发酵可以看作是母曲微生物体系传承与扩培的过程，因此可以说，母曲决定了曲之"神"，生产用曲是小麦承母曲之"神"的结果，保证了茅台酒在数百年的酿造史中，酿酒微生物体系保持相对稳定与平衡，进一步使得作为酿酒微生物代谢集合体的茅台酒的风味品质始终如一。在大曲制作过程中，还会用到稻草作为辅助，起到隔离曲块、保温排潮等作用。不容忽视的是，稻草同样有"老草"与"新草"之分。老草是指参与过发酵的稻草，受发酵环境的影响，其曲香味丰富，富含大量微生物，可起到接种的作用，对提高大曲质量起到一定作用。但老草在使用过程中会逐渐损耗，需不断添加一定量的新草，因此，稻草的新老平衡与合理更替，也是保证大曲质量的关键。

二、制酒——粮糟相和

粮为酒之肉。好粮酿好酒，"红缨子"高粱卓越的酿酒品质是茅台酒美的物质保障，但母糟在酿酒中也不可或缺。在茅台酒生产的六轮次，会留存一定的酒醅作为来年生产使用的母糟，从某种意义上来讲，这也是一种"传承"。下沙轮次时，按照一定的比例将母糟与润好的新粮拌和，其中，母糟作为"老"的一方，经过上个年度反复的蒸煮、发酵，积累了丰富的风味物质，能够增味提香，同时拥有较高的酸度，可以促进新粮糊化。新粮作为"新"的一方，淀粉含量很高，能充分保障发酵过程的养分供给。两者优势互补，相互"融合"，达成"新老"平衡，为后续生产奠定坚实基础。

三、勾兑——新陈相济

勾兑是把不同特色、不同口感、不同风格、不同酒龄的基酒按不同的比例搭配掺和在一起，使白酒的"色、香、味、格"等达到协调与平衡的过程。在茅台酒勾兑过程中，"新酒"与"老酒"是相对的概念，新酒一般指贮存三年的基酒，老酒则是比新酒贮存更久的基酒。相比新酒，老酒随时间积累而独具的"老熟香"是令人迷醉的，也是无可替代的。取新酒与老酒各自所长、实现新老风味的协调平衡是勾兑的目的之一。不管是老酒还是新酒，都有各自的优缺点，勾兑的目的便是为了平衡。新酒刺激感强，若人之青少，个性鲜明，头角峥嵘；而老酒似人之暮秋，岁月洗尽铅华，独具老来韵味。新酒与老酒，独饮均稍逊风骚，在香气、口感上均不能达到完美；唯有新老平衡、新陈相济，老酒的老熟香和新酒的水果香、坚果香、花香、曲香等完美融合，才使得杯中玉液美妙无穷。此外，茅台还有着独具特色的"连锅汤"贮存方式，每一批茅台酒都是下一批的"引子"，这些已经自成体系的老酒不断融入新的整体，表达出完美风格，新陈相承，生生不息。

第二节　知行合一，宽严相济——酿造过程的主客观平衡

一、致知力行，知行合一——理论与实践平衡

中国白酒酿造的本质是以谷物类为原料，加入大曲等作为糖化发酵剂，

经发酵、蒸馏、贮存、勾调而制成最终的白酒产品。其重点在于利用好酿酒微生物，为酿酒微生物的生长代谢准备好条件。所谓"知非先，行非后"，茅台酒以微生物发酵理论指导酿酒生产实践，同时制定合理的工艺参数，为微生物提供适宜生长的条件，致知力行、知行合一，从而做到理论与实践的平衡。

茅台酒生产工艺是理论与实践共同作用的结果，每一道工序、每一个环节都是前人在反复试验后确定的，又是被科学理论所支撑的。高温制曲是茅台酒工艺特点之一，制曲发酵温度可达60℃以上，这便是根据微生物代谢特点指导大曲发酵过程。微生物代谢产生的能量是制曲发酵的主要动力，代谢产生多种酶类，是大曲作为糖化发酵剂的基础。同时，代谢产生多种风味及其前驱物质，是形成大曲酱香的关键。实际生产中，高温发酵决定了高温大曲中的微生物主要以耐高温的嗜热芽孢杆菌为主，它具有很强的蛋白质分解能力，能分解曲坯中小麦的蛋白质，生成大量的氨基酸。氨基酸能与糖发生美拉德反应生成醛、酮和吡嗪类等能赋予酱香酒独特风味的酱香物质，且还可经脱氨脱羧反应，生成大量能赋予白酒味甜以及浓厚口感、有助于白酒增香的高级醇。

制酒过程中的两个发酵阶段——阳发酵和阴发酵也是理论与实践平衡的代表。阳发酵指堆积发酵，是蒸煮后的酒醅经摊晾降温、拌曲接种等环节后，在晾堂上收成圆堆形以进行的开放式发酵。这个过程中，酒醅（特别是堆子表层的酒醅）与空气充分结合进行有氧发酵，有氧发酵期间，酵母菌生长繁殖更快，能快速建立产酒所需的菌落基础，同时，部分细菌、霉菌在有氧的条件下能够生成大量香味香气物质，确定茅台酒风味基调[2]。阴发酵指窖内发酵，是酒醅经堆积发酵后移入窖内进行的封闭式发酵。窖内发酵期间，酒醅与氧气基本隔绝，主要进行无氧发酵，酵母菌无氧发酵是生成乙醇的重要途径，因此，阳发酵期间富集的大量酵母菌便在此时发挥产酒的关键作用。要调节阴、阳发酵，实现产酒、产香的平衡，须解决一个关键的问题：如何把握入窖节点？因为这不仅关系到香气香味物质的积累程度（即影响基酒风味），还直接影响窖内发酵的强度（即影响基酒产量）。无数茅台人经过不断探索、反复实践，最终总结出了阴、阳发酵的平衡控制方法，有效地保障了茅台酒的产量与质量。

二、严而有度，宽而不疏——工艺管理刚柔平衡

"多样性、复合型"是茅台酒独特品质的重要体现，茅台酒的酿造更像是艺术而非纯粹的技术，因此茅台酒的生产并不期望所有的基酒保持一致，反而追求基酒风味的"多样性"。同时，茅台酒生产顺应天时、承接地利、营造人和，生产过程受气候、环境、原料、人力等因素影响较大，在实际操作过程中，环境依赖性较强，关键控制点众多，影响因素复杂多样，无疑大大增加了生产过程的管控难度。但在长期的酿酒实践中，茅台匠人总结出了刚柔平衡的工艺管理方式，所有工艺参数必须严格处于规定范围之内，坚持传统酿造工艺不动摇，确保生产整体受控；同时在参数边界内留有一定空间，以实现柔性管理，充分发挥出技术指挥人员的主观能动性，激发酿造茅台基酒"多样性"的创造力。严而有度，宽而不疏，于刚柔之间，成得道之本。

在制曲生产过程中，磨碎度、拌料水分、踩曲紧实度等都是极为重要的工艺参数，适当与否关乎曲质好坏。小麦磨碎过细、拌料水分过多、踩制过于紧实，都会导致曲坯发酵过程水分重、不易挥发，发酵质量较差；而小麦磨碎过粗、拌料水分过少，或踩制过于疏松，则会导致曲坯黏着力不强，发酵时水分挥发快，热曲时间短，易形成白曲。如何选定合适的工艺参数，取决于气候及原料特点，在工艺范围内合理调节磨碎度及拌料水分，如夏季制曲时，气温高、环境湿度相对较高，可适量收缩拌料水分或适当调粗磨碎度，以保证发酵质量。

曲坯发酵后形成黄曲、白曲、黑曲三种类型也是茅台酒工艺管理刚柔平衡的表现。三种大曲各有特色：黄曲在制曲前期升温适中，后期干燥良好，曲香浓郁，是酿酒的主力；白曲一般来说是制曲温度偏低，干皮严重，后期水分不易散发出来、干燥不好造成，麦香突出，淀粉含量较高，能为制酒发

酵提供较多的碳源；黑曲是在制曲前期由于升温过猛造成，焦香舒适。黄、白、黑曲的微生物组成也有所差异。茅台的"作曲家"并不追求过高的黄曲占比，也不刻意减少白曲、黑曲的产生，实践证明，最佳的曲质占比为黄曲率≥80%，白曲率≤15%，黑曲率≤5%，白曲+黑曲≤20%。三种大曲香气、微生物互补，以最佳的和谐比例，为制酒提供了菌源、营养源与风味物质。

工艺管理的刚柔平衡同样贯穿于酿酒工序的始终。茅台酒下沙期间，高粱破碎粒与完整粒是二八开，造沙时是三七开。而在实际工艺执行中，高粱破碎率都有 3 个百分点左右的浮动，即给予的工艺要求是一个范围，而并不是一个确定的值，这样，不同车间就可以根据其自身酿酒小环境的情况，在工艺范围内适度调节破碎率。茅台酒生产的大多数关键参数，如糊化时间、大曲用量等，在管理上均作范围性的要求，若干这样的参数排列组合，造就了其他白酒生产工艺难以比拟的多样性，为茅台酒风味的复合型创造了前提条件。但"刚"与"柔"之间必须把握一个平衡，管理过"刚"，各车间、班组生产保持高度一致，"多样性"不复存在；管理过"柔"，基酒质量参差不齐，风格迥异，不利于茅台酒的勾调与贮存。管理的"刚"与"柔"正如调节平衡的砝码，而天平的两边分别是"品质稳定"和"风味丰富"。如何把握"刚"与"柔"的平衡，是茅台酒生产管理亘古不变的重要议题。经过多年的实践，茅台酒生产管理对"刚"与"柔"的运用逐渐深入，把握更加精准，基酒"品质稳定"与"风味丰富"得以有效兼顾。

三、闻知于心，数为己用——"数据＋经验"的过程平衡控制

作为大曲酱香型白酒之鼻祖，茅台酒酿造工艺历史悠久，茅台工匠前辈在长期生产实践中，采天地之灵气，取原料之精魂，借微生物之巧力，顺应自然变化，总结创造并传承发扬至今。茅台能够取得今天的成绩，离不开时间的沉淀和经验的积累。在茅台历史长河中，"经验"在过程控制中始终占据着举足轻重的地位，它是一代代匠人在酿酒实践中积淀的技术、知识和方法，在"知其然"的时代为茅台酒美的品质提供了重要保障。随着时代的发

展、科技的进步以及技术的革新，我们从"知其然"到"知其所以然"，"数据"作为新的过程控制依据，为我们"知何由以知其所以然"开拓了新的方向。茅台人深知，感性的经验难以具象与量化，客观的数据也存在片面与孤立的不足。因此，茅台匠人不唯经验也不唯数据，将"人的经验"与"数据的洞察"有机结合，在过程控制中通过"数据 + 经验"的平衡，起到"1+1＞2"的效果。茅台人通过经验与数据的平衡，不断充实完善过程管控标准体系，实现了酿造工艺的精准把控，推动全域质量协同发展和质量水平不断提升。

数据与经验平衡的过程控制模式深入在茅台酒生产过程的每一个关键环节。在制曲生产过程中，为确保曲坯成形规范、质量稳定，感官结合数据的评价方法已得到成熟应用，由生产技术人员通过感官对曲坯紧实度、均匀性、收汗情况等进行评判，同时结合曲坯高度测量及曲料水分、破碎度、发酵温度等理化数据进行综合评价，多角度把好制曲质量第一关。对大曲质量的评价依赖感官经验的颜色、香味指标，理化数据也不可或缺，大曲糖化力等指标不仅要严格控制在合理范围内，而且其中符合要求的大曲，其具体理化检测结果仍将作为制酒应用的重要参考。

制酒生产过程中，茅台量质摘酒最大限度地体现和践行了"经验 + 数据"过程控制平衡。通过感官"看花"摘酒、酒精计和温度计测量酒度数据、技术人员口尝基酒品质相结合，多措并举保障基酒质量；作为茅台酒独特而重要的工艺步骤，堆积发酵堪称"二次制曲"，发酵质量关乎产酒产香结果，重要性不言而喻，是茅台生产和管理人员最为关注的关键控制点之一，也是经验与数据平衡理论应用最成熟的环节，既要通过感官判断曲醅结合度、酒醅滋润度、香味、温度均匀性等，又需通过理化检测确保酸度、糖分、水分、淀粉、乙醇等关键指标在合理范围内。

在勾兑过程中，为了保证茅台酒永不变味，每一批次的茅台酒都要经过"经验"与"数据"的双重检验，达到标准后才能出厂。"经验"是专业品酒师的感官标准，"数据"是特征性风味物质的监控方法和茅台酒品质稳定性评价方法。"经验"指导了数据体系的构建，而"数据"反过来又为茅台酒的勾兑反馈了量化数据。传统感官评价与仪器分析相结合，确保了茅台酒出厂产品品质的稳定可控和始终如一。

第三节 兼收并蓄，博采众长——酿造产品的平衡

北宋文学家苏辙在《新论》中道："惟其才之不同，故其成功不齐。"茅台酒的酿造也因其应时、应物、应人的特点，造就了不同特色的酿造产品。应时，故有一至七轮次基酒的各自风味特征，也有了新酒与陈酿的各有所长；应物，有了新老物料的传承交替，承故纳新；应人，有了刚柔并济的过程管理，千人千面，各具匠心……这些特点为茅台酒的多样性提供了保障，产生了丰富的基酒产品资源，不同班组的基酒风格不同、不同时节的基酒浓度有别。而茅台人以"平衡"统筹基酒资源，兼收并蓄、博采众长，使得酒尽其才、酒尽其用，每一滴茅台酒，都是平衡的产物。

一、量质平衡

茅台酒生产始终坚守"质量是生命之魂"，致力于酿造高品质的产品，同时兼顾消费者对性价比的消费需求和市场反响，最大限度满足消费者对美好饮品的追求和对美好生活的向往。多年来，数代茅台人经过实践探索和总结，在茅台酒产量和质量之间找到了科学的平衡点，投粮产酒比控制在合理范围，轮次产酒比例符合产品勾兑需求，并与主要香味物质组成特征吻合，实现了茅台酒的"量质平衡"，并基于此目标导向，研究固化了合理破碎度、合理水分、合理大曲储存期、适度润粮、合理配料、逐步糊化、合理堆积发酵等工艺技术体系，逐渐成为茅台酒酿造工艺的标志性特点。

二、浓度平衡

茅台酒生产顺应天时、道法自然，季节性生产是茅台酒工艺的典型特征。一至七轮次生产过程中，茅台镇气温整体呈上升趋势，因各轮次气候与工艺

参数调控的不同，摘酒浓度逐渐降低，一方面是保证与各轮次气候特点有机结合，另一方面使轮次基酒独特的风味物质构成与酒精度和谐统一，相得益彰，使轮次风格典型鲜明，达到最佳的品鉴条件。而茅台酒的勾兑采取"酒勾酒"的方式，将不同来源、不同轮次、不同酒度、不同典型体、不同等级，甚至不同酒龄的基酒按一定的标准掺和平衡，不添加包括水在内的任何外来物质。从一轮次的 57 度到七轮次的 52 度，众多各具特色的基酒在勾兑师的手中达到新的平衡，变成了迷人的 53 度茅台酒，给予消费者美的感受。因此，茅台酒制酒生产中，各轮次基酒的酒精度虽互有差异、各具特色、各美其美，却也极有讲究，是茅台酒"浓度平衡"的重要组成。

三、风味平衡

茅台酒多轮次发酵、取酒，每个轮次环环相扣、层层促进，创造出不同风格、不同口感的轮次基酒，经过酿酒大师的匠心勾兑，造就了茅台酒风味的平衡之美。对于七次取酒，茅台人有一个形象比喻[3]：一轮次的酒就像小孩，活泼好动，酒体略微辛辣；二轮次酒则似二十出头的年轻人，略带青涩，酒体表现出些许酸涩；三轮次酒则似进入而立之年，香和味较为协调，朝气勃发但后味还稍显单薄；四轮次酒如同不惑之年，酒体醇厚平和，既富有朝气又兼具稳重；五轮次酒好比知天命的年纪，酒体显得从容淡定，香和味更加平和丰满；六轮次酒似人生耳顺之年，以味道见长；七轮次酒犹如古稀之年，产量越来越少，酒体的焦香味利于空杯留香。

总的来看，一、二轮次酒以香气见长，一次酒刚强，二次酒清新；三、四、五轮次酒香味协调，恰到好处，又各有特点，是勾兑的主体；六、七轮次酒以味见长，醇厚、柔和是其主要特点。

茅台酒采用"酒勾酒"的方式，将一百余种不同香型（酱香、窖底香、醇甜香），不同酒龄，不同轮次，不同酒度等各有特色的基酒进行融合，最终实现两个协调平衡：一是香气平衡，闻香舒适；二是味觉平衡，口味口感相得益彰。茅台酒的典型风格是各类基酒资源充分发挥其风味优势达到品质平

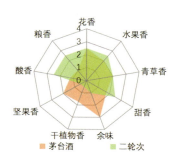

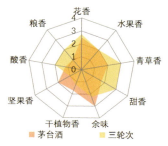

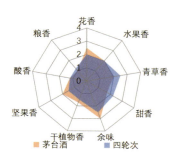

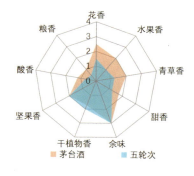

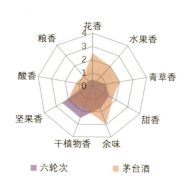

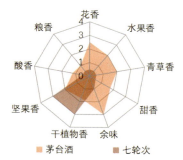

不同轮次基酒与茅台酒的风味轮廓对比图

衡的产物。

四、时间平衡

时间是食物的宿敌，但有时也是美味的挚友。一杯茅台酒，蕴含了从原料进厂至包装出厂至少五年的时间淬炼，将时间的奥秘体现得淋漓尽致。盘勾基酒贮存到第三年，酒体的平衡美感逐渐显现，风格小成，勾兑师以其为主体勾调设计出"飞天"茅台酒这一经典产品；继续经过时间的打磨，随岁月沉淀而来的经典酱香老熟香越发凸显，酒体更加饱满有层次，口感更加浑厚，是为"珍品"与"精品"茅台酒；而陈年贵州茅台酒则是使用贮存时间超过普茅的基酒以及比普茅勾调标准更高的工艺勾调而成，焙烤香、坚果香、烟熏香协同构成饱满而极为细腻含蓄的酱香老熟香，入口如丝绸般柔顺、醇厚圆润丰满、后味余香悠长。

时间铸就了茅台酒的品质，不同贮存时间也赋予了各类产品独特的风格。每一款茅台酒产品都是时间平衡的产物，在时间中孕育独具特色的产品风格，形成自身的质量标准；又在质量标准的要求下，把握好时间与产品风格的平衡。每一杯酒，都是时间平衡下的最佳产物；每一杯酒，都让人在时间的味道里流连。

第四节　守正创新，一脉相承——酿造工艺传承与创新的平衡

"满眼生机转化钧，天工人巧日争新。"茅台酒酿造工艺在传承与创新中发展与进步。一代代茅台匠人在传承酿造工艺的同时，不断与时俱进、改革创新，实现了传统酿造古法与现代工业技术的完美融合，更好满足了消费者对美酒的需求、对美好生活的需要。茅台人秉持"传承不守旧、创新不离宗"的理念，坚持质量信仰与工匠精神的核心要义，传承工艺之"形"，研究工艺之"道"，以酿造技艺为载体，在"变"与"不变"中实现了酿造工艺传承与创新的平衡。

一、小技为术，大艺为道——酿造古法与现代技术的平衡

茅台酒酿造工艺的发展，是在确保传统工艺内涵不变、优质稳产的基础上，向着数字化、智能化、绿色化方向发展。多年来，茅台坚持在传承中创新，在创新中守正，既继承了古法酿造技艺的精华，保障了核心工艺传千年而不中断；又闪烁着现代科技的光彩，持续通过技术革新推动产业创新，实现创造性转化、创新性发展，赋予了茅台传统工艺时代的元素和科技的内涵。时代在发展，茅台人手中的"术"不断革新，由古法到现代，铁器替代石器，电力替代人力……但酿造技艺背后的"道"始终不变，重阳下沙因时而作，"三高"工艺以保障饮用品质……茅台人始终保持着传统酿造古法与现代工业技术的平衡，以小技谋大道，保障产品质量，更好地满足消费者对美酒的需要、对美好生活的需求。

在传承与发展中，三合土晾堂因独特的吸水性、透气性、微生物多样性等优势，被长期保留沿用；窖池作为茅台酒生产的关键设施之一，主要由碎石窖发展而来，并在长期实践中不断优化，反复论证，逐渐规范，形成茅台独特的条石泥底窖，既保留了传统"石窖"的本质，又实现了窖池制作、选材、尺寸等的规范统一，有利于生产的组织和发酵的进行；蒸馏冷却是白酒生产必不可少的工艺环节，过去主要采取"天锅"冷却的方式，随着技术的进步，逐步被工业冷却器所取代，蒸馏取酒过程不再需要反复"换水"，明显降低了劳动强度，同时有利于出酒温度的控制，提高基酒产、质量的稳定性；在高粱、小麦破碎环节，随着工业技术的进步，逐步实现了机械化，不仅提高了生产效率，更有利于原料破碎度的控制，提高了生产过程管控水平；另外，近年来茅台推广使用基酒物流系统、曲粉传输系统等机械化传输设备，实现了生产过程物料高效转运和精准计量，符合机械化、智能化的发展趋势，而在制曲踩、装、翻、拆及制酒上甑摘酒、晾堂操作等关键环节，茅台长期坚持传统人工操作方式，赋予了茅台独特的人文元素，促进茅台在"变"与"不变"中实现了"传承"与"创新"的平衡发展。

二、形而下者谓之器，形而上者谓之道——"形"与"道"的平衡

茅台酒酿造工艺的传承既有有形之形的传承，也有无形之道的发扬。有形之形，是具体的事物，是酿酒的一锨、一甑，总是结合时代特色外化于行，因时而制宜，在创新中不断变化；无形之道，是崇本守道，以质求存，是酿酒的工匠精神、质量理念，任时光流逝内化于心，在代代传承中始终如一。

千百年来，茅台人遵循中华传统文化道法自然、天人合一的哲学思维，用心酿就高品质的美酒。与此同时，茅台人聚焦科技前沿，顺应智能化、数字化、信息化时代潮流及绿色、低碳的发展趋势，在坚守传统工艺本质的前提下追求创新与进步。创新改善了生产条件、提高了生产效率，也为传统工艺及文化赋予了新的活力。在制酒的打糟上甑环节，由传统人工挖松拌和演变至现今的打糟机打糟，提高了操作质量；在蒸馏摘酒环节，由古法天锅蒸馏冷却发展到甑桶蒸馏冷却器水冷方式，近年来又应节能减排新发展趋势，创新使用循环水冷却方式，但总体上高温馏酒的工艺本质始终如一；在下甑、下窖、起窖等操作过程，由传统完全依赖人工，逐步发展到行车辅助操作的方式，很大程度降低了劳动强度，提高了生产效率，但未涉及核心工艺的改变。总之，茅台取得今天的成就并逐步稳固世界蒸馏酒第一品牌的地位，既离不开对传统酿造工艺的坚守，也得利于科学技术的进步和公司对科技创新的高度重视与不懈探索。

参考文献：

1 季克良.国酒茅台特殊工艺的极致体现——告诉您一个真实的"陈年贵州茅台酒"
   ［J］.国际人才交流，2005（12）：48–51.

2 张红霞.酱香型白酒酿造菌群形成规律及稳态调控机制研究［D］.江南大学，
   2021.

3 李铁、李慧超、黄震等.迷人的53°——茅台，一瓶酒的新年与出生［J］.中国酒，
   2021（02）：38–41.

第 六 题

茅台酿造之多样性美学

多样性始终是审美活动必不可少的形式美法则。古希腊哲人毕达哥拉斯指出："什么是最美——和谐"，而和谐是"由杂多导致统一"。《国语·郑语》也说"声一无听，物一无文，味一无果，物一不讲"，也强调美好的声音、文章、味道、事物都是多样统一的结果。多样性美学不仅指事物个性的千差万别，而且要求差异性的事物有机地组合在一起，构成一个协调一致的统一体。"多样"与"统一"是多样性美学的相辅相成的两极。多样性美学使审美活动既丰富多彩又协调一致，能给人极高的审美享受。

费孝通先生提出"各美其美，美人之美，美美与共，天下大同"。美之所以为美，在于其多样性，在于美的不同，而又能大同。对于中国白酒而言，自然生态环境的多样和酿造工艺的差异，造就了中国白酒风格的多样，呈现各美其美、美美与共的特点，也共同组成了中华优秀传统文化中"酒文化"这一重要分支。

现在白酒已经发展出包括酱香、浓香、清香、米香四大基本香型在内的十多种香型。每一种香型都有自己的个性和工艺特点，同时，空间位阻效应使白酒发酵体系内的微生物多样性得以有效保持，并引起发酵过程更为复杂的微生态环境变化，形成了白酒发酵过程中丰富多样的风味代谢产物。宏观生态和微观生态之间的交互，最终构建形成了茅台酿造的多样性之美。

第一节　大曲之多样性

一、千曲千面，人法多样

曲的发明，是古代劳动人民智慧的结晶。在北魏著名农学著作《齐民要术》中，贾思勰首次将制曲工艺进行了全面系统的总结和概括。随后，制曲工艺在六百年的时间里经一代代工匠不断改进，并在两宋时期达到全新高度，主要表现为酒曲品种丰富多样化、工艺技术日渐完善化。随着人们对微生物及酿酒理论知识的掌握，生产技术日益娴熟，酒曲的发展也跃上了一个新台阶。制曲是酿酒的第一道工序，由于曲中有益微生物数量和种类较多，香味物质也较多，因此，它是关系到酒的质量高低的一个重要环节。

茅台酒的高温制曲工艺，也是历代茅台匠人们在继承古代制曲酿造方法的基础上，不断实践、归纳、总结、发展形成的。每到制曲生产开始，对于踩曲工人而言都是一段忙碌但幸福的时光，他们每人拿着一把铁锹，将曲料铲进制曲的专用模具，并熟练地踩在边框上，快速地抖动着小腿，在曲块上轻快地移动、跳跃，仿佛在跳着一支"芭蕾舞"，大概数十次的双脚翻腾起舞后，一个中间高、四边低、松紧适宜的"龟背形"曲块就此成形。在茅台酒制曲生产的踩曲环节，最理想的曲坯应呈现边角整齐、无断裂、无夹灰、四边紧、中间松、呈龟背形特征，对于曲坯高度则要控制在 12 厘米—14.5 厘米范围内，并不要求"一根线"。倘若人工踩制的曲坯过于松散，则会影响曲坯成形、发酵，在后期贮存过程中也会导致曲虫大量繁殖，影响大曲的微生物、酶系组成；若曲坯踩制偏紧实，会造成曲坯内部的氧气含量降低，影响好氧微生物的生长繁殖与代谢。实践也证明了踩曲工不同的性别、不同的体重、不同的步伐都会导致踩出的曲坯疏松度、高度等指标存在一定的差异，对于茅台高温大曲来讲，人工踩制的每一步轻重不同、曲块形状略有差异，这些差异在无形中调控微生物代谢，造就了大曲和风味的丰富与多样[1]。

因此，为了达到最佳踩制效果，踩曲工人需要经过严格的筛选和培训，而不同踩曲工人身高体重的千差万别，使得曲坯的踩制高度不同、松紧不一、疏密有致，影响着曲块的成形、仓内发酵的升温和曲块水分的挥发等，同时也为微生物的生长代谢提供了不同的微环境，使得大曲在保留了"同一性"之外，增加了更多的参差之美[2]。"夫物之不齐，物之情也"，不同曲坯千差万别，这是客观情形，也是茅台工匠遵循的自然规律。

二、因势而动，时空多样

中国有几千年灿烂的农耕文明，对节气的制定和运用是我们中华民族的智慧结晶，茅台酒的酿造就是顺应天时地利、体现先民智慧的典型案例。端午时节居于芒种到夏至的节气过渡中，此时我国南方地区气温普遍达到28℃左右，茅台镇由于其独特的地理位置和气候特征，每年端午节前后，气温可以升至30℃以上，最高甚至达到40℃左右，加上空气湿度较大，风速低，光照充足，各种微生物生长繁殖旺盛，自然环境中的微生物种类及数量繁多，通过踩曲使得这些微生物充分地接种入小麦等酒曲原料中，形成了高质量的制曲微生物群。"端午踩曲"可以说是天然而成，也是"道法自然"的体现。

当然，星辰交替、四季更迭不仅带来了温度、风速、光照等气象指标上的差异，也同样影响着不同制曲轮次的工艺参数。比如秋冬季制曲，就需要适量增加一些母曲的用量；而在夏季制曲时，曲坯摊晾的时间就要相应缩短。并且，季节变化带来环境温度、湿度的不同，大曲微生物也随之发生变化，进一步影响大曲的酶系结构和糖供给能力。

此外，不同车间、厂房的位置条件，发酵仓、干曲仓不同部位的空间变化，给予曲坯不同的成长环境，也使得不同位置的曲在微生物、酶系和风味化合物组成上形成较大差异。以发酵仓为例，研究发现，在曲坯发酵过程中，大曲自身温度和曲仓温度分别是影响大曲微生物群落的第一、第二环境因子，通过对大曲发酵过程中不同空间坐标下曲块所处温区进行测定，发现一次翻仓的时候，大于63℃的超高温区曲块占比为5.35%，基本上出现在第五梗第二层、第三层，第四梗也存在一些，这些位置属于超高温区域。54—63℃称

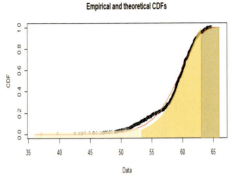

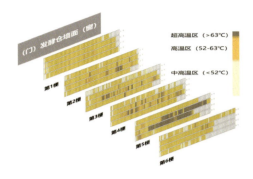

整仓曲块一翻温度分布概率图　　　　整仓曲块一翻温度分布图

整仓曲块一翻温度图

为高温区，高温曲块占比为 81.25%。54℃以下为中温区，主要是顶上、靠门、靠边这些区域，占比为 13.4%。也正因为如此，在每个轮次开始前，制曲车间班组骨干会议都会围绕着小麦磨细程度、拌匀时的水分比例、母曲投放比例，以及在曲块转入曲房发酵过程中，曲仓温度、湿度、通风时间、曲块堆放层数，翻曲时间等工艺参数进行专门研讨，以确定参数范围。

在看似寂静的曲房内部，不同曲块的微生物菌群富集繁衍[3]，而不同时空环境下，曲块中的微生物此消彼长，发生着翻天覆地的变化，最终使得每一曲块都是一个独特的个体，也具备着自己的特色。

三、百花齐放，色味多样

在制曲车间，踩制而成的"龟背形"曲块被放入发酵仓中，要经历四十天左右的高温发酵。在此期间，制曲工人还会对曲块进行两次翻仓，排除发酵中产生的多余废气和水分，让发酵更均匀，使曲块中的微生物充分生长繁殖，进一步促进了曲的发酵成熟。曲坯经过仓内发酵后形成了黄曲、白曲、黑曲三种类型的拆仓曲，其中，超高温区域易形成黑曲，高温区域易产黄曲，而中温区则主要产白曲[4]。在茅台制定标准的定义中，黄曲是颜色金黄或棕黄、曲香浓郁、具有典型茅台酒大曲风格的一类曲；白曲是颜色呈现麦粉色、具有曲香味和生麦味的一类曲；黑曲即颜色呈现棕黑色、曲香明显、闻香略有焦味的一类曲[5]。

在制酒生产过程中，大曲为原料的转化提供了丰富的酶类物质，其中淀粉转变为糖主要是 α–淀粉酶、β–淀粉酶和糖化酶的作用，α–淀粉酶能够催化淀粉转变为糊精或者糖，糖化酶能催化淀粉、糊精全部转化为糖，β–淀粉酶将淀粉转化成二糖或糊精，从而为酿酒体系中的微生物提供生长代谢的营养物质。事实上，不同酶类物质的组成也使得不同曲种在功能上各具特色，不同曲种中关键酶的存在也使得其在原料利用上具有偏向性。最新的研究也表明，茅台酒生产过程中最主要的酶类中，淀粉酶可来源于黄曲、白曲、黑曲，糖化酶主要来源于黄曲和白曲，纤维素酶类主要来源于黄曲、黑曲，蛋白酶主要来源于黄曲。其中，黄曲中的关键酶为 α–淀粉酶，使之具有较强的液化能力；白曲中的关键酶为糖化酶，使之具有较强的糖化力；黑曲中的关键酶为纤维素酶，使之可分解纤维素，保障发酵后期物质转化的进行[6]。

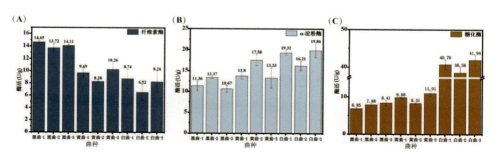

不同类型大曲关键酶活性

同时，三种大曲的微生物群落结构具有显著差异，不同种属微生物的新陈代谢也带来了大量的代谢产物，形成了不同类型曲的香气物质成分。其中，黄曲在 3–甲基丁醛的形成上具有优势，白曲中的四甲基吡嗪的代谢强于其余曲种，黑曲在呋喃、糠醛等物质的形成上更具优势，最终成为人体能够感知的麦香、豆豉香、花香、酱香等曲香[7]。

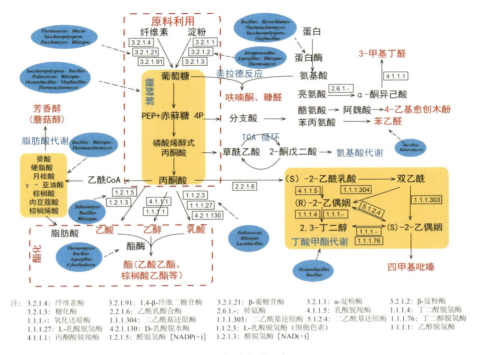

大曲风味物质代谢示意图

由此，可以说不同的人的踩制、不同时空下的微生物生长代谢，造就了黄曲、白曲、黑曲百花齐放的特点[8 9]，麦香、豆豉香、花香交相辉映，呈现出了大曲"色香味"的盛宴。"有无相生，难易相成"，三类大曲香气、微生物互补，以最佳的和谐比例，为制酒提供了菌源、营养源与风味物质[10]。大曲的形成，是顺应自然生长而不加干预，是相互独立而协同发展，它不是规范化的仿制，而是和合共生、各美其美的表达。

四、合契其功，贮存多样

茅台酒大曲在贮存5—6个月后，才能正式进入制酒生产使用。大曲贮存过程不仅仅是水分散失、氨气挥发的物理化学反应的过程，更是大曲后发酵的重要阶段，这一过程直接影响成曲微生物结构、酶系组成。

茅台人通过宏基因组学技术解析了大曲贮存过程中的核心功能菌群，发现不同贮存期的大曲微生物群落结构也各不相同，呈现出明显的时间分异性。研究显示，经过五个月贮存后的大曲微生物多样性最高，微生物可达 806 种；贮存六个月的大曲中，则有 78 个种是新产生独有微生物。大曲储存时间越长，独有微生物种类数越多。

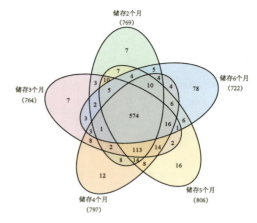

不同贮存期大曲微生物种类图

同时，在整个贮存过程中，Lactobacillus、Lactococcus、Staphylococcus、Bacillus 和 Kroppenstedtia 始终是大曲的主要细菌类微生物[11][12]，其中的产酸菌属 Lactobacillus、Lactococcus[13] 的相对丰度随着贮存时间的推移显著上升，使得大曲中酸度显著上升，不仅为其生长营造了良好的环境条件，同时也抑制了其他微生物的生长。Thermoascus、Aspergillus、Pichia 和 Hyphopichia 则是主要优势真菌属[14]，其中 Thermoascus、Aspergillus 具有较强的产淀粉酶与纤维素酶能力，可高效地降解大曲原料，为其他微生物提供大量的营养物质；Hyphopichia 为非酿酒酵母属[15]，具有产酯能力，同时也具有降低大曲酸度的潜力。

随着时光流逝、岁月变迁，不同贮存时长的大曲也在微生物的作用下代谢产生着不同的糖化酶、蛋白酶、脂肪酶等酶类物质。酶系作为原料与微生物间的重要"桥梁"，不仅影响到大曲中微生物的代谢和各种物质的转化，也直接影响到白酒中香味物质的品质和数量。通过对不同轮次生产用曲中的高丰度差异糖苷酶组成进行解析，发现茅台酒生产的前期轮次生产用曲关键酶为糖化酶以及纤维素酶，后期轮次生产用曲关键酶为 α－淀粉酶、β－木糖苷酶等。随着轮次的增加，生产用曲的原料利用能力逐渐降低，也恰恰顺应了制酒生产过程中高粱中淀粉含量的变化规律。

"日中则仄，月满则亏，器满则覆，物满则衰"，时间的厚度积累在每一粒小麦上，赋予大曲跳动的生命力，以大曲物性契合制酒轮次特性，高下相倾，这杯酱香才能誉满九州。

第二节　基酒之多样性

一、时位致变，天然多样

时位致变，首先在"时"。茅台酒生产的九个轮次始于重阳，贯穿全年，处处体现着与四时物候的顺应关系。下沙正逢九月，山谷中的高粱成熟，此时投一半粮，到造沙时，高海拔山坡上的高粱红了，投另一半粮，分次投粮恰好满足了酱香型白酒的发酵特性，使微生物在当下有充足的底物，也保证了后期轮次不会"无力"。轮次曲药用量差异也与季节息息相关，造沙到二轮次温度较低，用曲量多，"大回酒"轮次，气候渐暖，用曲量少，前期轮次的积累也在此时爆发。

时位致变，其次在"位"。从大环境上讲，新老产区所处的经纬度略有差异，海拔不同，光照条件不同，环境微生物的分布结构也不尽相同，各车间的酿造大环境从一开始就不是完全一致的。从小范围的人工操作和厂房条件上讲，不同班组酒师们依据环境变化，因时因地制宜，在不同工艺环节的操作彰显着班组自身的特色，再加上堆积发酵所造成的微生物生态位的天然区别，使得每一杯酒醅都是与众不同的[16]。到窖内发酵时，又有窖面、窖中和窖底的区别，窖面酒醅精工细作，撒曲量严格控制，再加上所受压强较小，氧气充足，微生物繁殖活跃，窖面酒曲香浓郁，更加协调；窖底酒醅在二、五轮次单独烤，厌氧菌丰度较高，窖底酒更有己酸乙酯的典型风味[17]。

茅台酒是季节性生产的产物，漫长的物质变化被揉碎在时间更迭中，最终体现在基酒的风格上。因为不同轮次基酒生产于不同时节，使用不同时节踩制的曲，时间所带来的微生物多样性造就了基酒的多样性，带来不同的典型风格[18][19]。

一次酒出产于小寒和大寒时节，具有酱香味，微生粮香味，涩味，微酸，尾后略苦（可参照香味：杨桃、苹果、芹菜、香蕉、柠檬等），酒度 ≥ 57.0%vol。

二次酒出产于雨水和惊蛰时节，春芽含苞待放。酒体有酱香味，味甜，尾净后略带酸涩（可参照香味：黄瓜清香、草香等），酒度 ≥ 54.5%vol。

三次酒产于清明和谷雨时节，百花盛开。酒体酱香味更加突出，醇和，尾净（可参照香味：熟梨子、蜂蜜、蔷薇花香等），酒度 ≥ 53.5%vol。

四次酒出产于小满和芒种时节，酒体酱香味更加突出，醇和，后味长（可参照香味：巧克力、熟香蕉等），酒度 ≥ 52.5%vol。

五次酒出产于夏至和小暑时节，酒体酱香突出，回味悠长，略有焦香味（可参照香味：烤面包、苦咖啡和麸皮香等），酒度 ≥ 52.5%vol。

六次酒产于大暑和立秋时节，酒体风味明显，回味悠长，有焦香味（可参照香味：松果、烤饼干等），酒度 ≥ 52%vol。

七次酒产于白露和秋分时节，酒体香味、酱香味更加突出，后味长，焦香味重（可参照香味：烤煳饼干、炒板栗香，杏仁味等），酒度 ≥ 52.0%vol。

茅台七次取酒对时位的选择，验证了茅台酒基酒"多样之美"。时位交替又互相衍生，在时空之"变"中，微生物遍历了多样的温湿度等环境条件和人为度量的空间条件[20]，也代谢形成了不同的香气物质，带来不同的基酒典型风格。窖窖有别，甑甑不同，构成了基酒的"千味"。

二、岁月致醇，陈酿多样

贮存是茅台酒不可缺失的重要环节，茅台也始终把崇本守道、坚守工艺、贮足陈酿、不卖新酒的理念贯穿到企业生产经营各环节，忠实践行、矢志追求。进入酒库后，每轮次的酒都需要进行分型定级后存放，出厂的茅台酒至少经历五年光阴。除生产周期一年外，其他时间都处于贮存状态，这是沿袭许久的古老法则。

在贮存过程中，香气幽雅和酒体细腻的效果，很大程度受贮存容器、环境、时间影响。陶坛中的酒，看似密封沉寂，却又悄然与外界发生反应。一方面，陶坛多微孔结构具有透气性好的特点，利于基酒与外界环境进行物质交换，如空气中的氧气进入坛内与酒产生"微氧循环"，低沸点的醛类、硫化物的挥发，使酒体变得纯净爽口。众多微量芳香组分相互结合，达到平衡，而使酒体更协调，水分子和酒精分子之间发生氢键缔合，改变了单分子的空间排布，使酒的口感更柔和、绵软。除了这些物理变化外，还发生了氧化、酯化和还原等一系列的化学变化，各种醛部分氧化为酸，酸再与醇发生酯化反应，使酒中的醇、醛、酯、酸等达到新的平衡。

另一方面，陶坛中富含铁、铜、锰等多种微量元素，在长时间的贮存过程中，这些微量元素缓慢地溶解到酒体中，进一步促进了基酒的老熟。如此反复，每一坛酒都在坛中慢慢度过自己的春夏秋冬。经过这些物理化学反应，新酒中微辣、爆辣的低沸点物质挥发，高沸点物质保存下来。随着时间的沉淀，坛内的酒采天地之灵气，聚日月之精华，变得柔和不刺激，饮后不上头、不辣喉、不烧心，喝起来尤为醇厚、幽雅，而被称为"时间的味道"。

基酒的形成只是味道的开始，它们像刚出生的婴儿一样，性格直接，内心炽热，随着时间迁移，经过长期陈酿逐渐老熟，变得更加醇厚、柔和、协调、平衡。日月星辰，昼夜交替，时间的力量在这方天地中汇集，万物轮回间，陶坛中的美酒散发着岁月沉淀的芳香，而不同贮存时长的基酒反应程度不一样，呈现出不一样的色、香、味、格，每一个时间节点的酒体都有着各自的不同，使得每一寸光阴的价值都在这里得到实体化。

三、不拘一格，基酒多样

在茅台酒的酿造体系中，制曲是基础，制酒是根本，陈酿和勾兑是关键。茅台酒的"勾兑"工法是酿造技艺体系中最为瑰丽的宝石，一方面来自如此丰富的基酒多样性，一方面又在于勾兑师游刃有余的基酒掌控力，以精湛技艺统筹形成产品稳定一致的典型风格。其中，基酒多样性是中国白酒品质的基础，它既来源于酿造生产时间和空间赋予的多样性，也来源于基酒贮存时间赋予的老熟感，同时还是勾兑技术人员技艺和人文特性的表现。

通过系统总结，不难发现基于酿造时节、生态位等因素的基酒多样性，如果以5.6万吨产能计，每年产133万甑基酒，通过酒师的"碰坛"技艺，融合形成11万余坛酒样，再进行分型、定级，一年之后进行"盘勾"，成为5000余支基酒，这里的"支"，就成为勾兑的基础单元，每一支基酒大约融合了240个不同生态位的多样性。以飞天茅台为例，平均每批次产品使用180支基酒样品，共计约有4万个以上时间和空间带来的生态位多样性，再加之不同贮存时间"连锅汤"带来的老熟风格多样性，才能造就其丰满、平衡的典型风格。每批次陈年贵州茅台酒的勾兑，主要使用贮存十五年以上多次反复勾兑的"连锅汤"基酒，共计组合了1000支以上基酒风格，逾20万个生态位多样性。通过以酒勾酒后，更好地使酒中的醇、醛、酸、酯、酮等风味物质契合，发挥出不同酒度、酒龄、香气、味道的优势互补作用，它们在物质组成、含量、占比等方面达到协调，从而形成了"酱香"：多一分则锋芒过盛，少一分又显不足。

丰富的基酒多样性，加上勾兑师的"个性"，使得百余种基酒在排列组合间，创造出充满个人色彩的成品酒。而茅台鼓励这种多样的个人风格：对每一批次的成品酒都进行轮廓相似度解析，总体要保持90%以上，保留10%的个人风格。不拘一格地用人，不拘一格地勾酒，给了勾兑师们充足的发挥空间，使之在达到质量要求的基础上，去寻找微妙的平衡与层次，也使得他们的个人风格得到充分展现，赋予成品酒多样性的同时，赋予了基酒新的生命。

第三节　微生物之多样性

一、兼收并蓄，来源多样

众所周知，好山好水酿好酒。从酿造科学的角度看，生态对中国白酒而言尤为重要，而生态则包含了自然生态和酿酒微生态两个部分。好酒的酿造首先源于好的生态环境，研究发现，与清香型和浓香型白酒相比，酱香型白酒体现出更加严格的地域依赖性[21]。好酒的酿造更离不开肉眼无法看到的酿酒微生物，千百年来，在茅台镇独有的封闭小气候下，酿酒微生物一直代代传承并久久为功于美酒的酿造[22]，而且通过不断更迭进化，形成了一套臻至成熟的酿造微生物体系。

那么，对于茅台酒自然接种、开放式的发酵体系，酿造过程中的微生物究竟来自哪里？

酱香型白酒酿造过程微生物溯源

大曲作为酱香型白酒的糖化发酵剂，不仅能为发酵过程提供丰富的微生物群落和酶系，包括细菌、酵母菌、丝状真菌和酶类（糖化酶、蛋白酶）等，而且在为发酵微生物提供必要营养和形成独特风味代谢网络方面发挥着至关重要的作用。自古以来就有"曲为酒之骨"之说，也足以体现大曲对于茅台酒酿造的重要性。高温大曲的原辅料主要包含小麦、母曲、水和稻草。高温大曲的制曲原料主要包含小麦、稻草和水等。其中，小麦在进料破碎之后直接进入制曲过程进行生料发酵，稻草在曲仓中直接接触大曲，水在拌料过程中进入大曲。因此，在不经过蒸煮和去除微生物的情况下，制曲用原辅料中的微生物会连同原辅料进入制曲过程。通过高通量测序技术研究原辅料对拆仓曲中微生物种类的影响，发现拆仓曲中存在 303 种细菌，其中与小麦共有

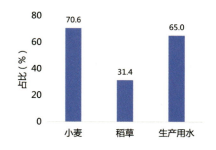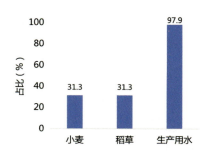

原辅料与拆仓曲共有菌属数占拆仓曲总菌属数之比

（左：细菌，右：真菌）

214 种，与制曲用水共有 196 种，与稻草共有 94 种，与母曲共有 42 种。从独有来源微生物看，拆仓曲中的细菌单独来源于小麦的有 34 种，来源于生产用水的有 26 种，说明小麦、稻草、制曲用水、母曲对拆仓曲存在一些独立贡献的微生物。同时，除了直接来源外，小麦种植土壤中的芽孢杆菌也可附着在小麦原料上，进而增加大曲中芽孢杆菌比例，研究结果发现，小麦与土壤共有细菌在小麦中的比例均高于 38.4%，共有真菌均高于 76.8%，极大程度上丰富了大曲微生物的来源。

通过高通量测序技术解析酿造过程中生产用曲、酒醅、工用具及酿造环境中的微生物群落[23]，发现酒醅与生产用曲共有细菌 389 种、真菌 106 种，与空气共有细菌 53 种、真菌 46 种，与晾堂地面共有细菌 77 种、真菌 53 种，与工用具共有细菌 69 种、真菌 57 种，也充分证明了茅台酒酿造体系中微生物来源的广泛性和多样性[24]。

早在 20 世纪 70 年代，当时全国各地酒厂纷纷按照名酒企业的生产工艺仿制过名酒，"异地茅台"试验同样期望突破白酒发酵风味地域限制，但异地经验式模仿生产的结果差异很大。除地域气候、原料与设备等因素影响外，也正是因为茅台酒发酵菌群的复杂性、来源多样而无法穷尽，因此才得出"离开茅台就酿不出茅台酒"的这一结论。同时，未表征的微生物代谢作用以及有限的菌群发酵调控措施，也使得典型白酒香型的异地生产成为长期以来困扰行业发展的关键谜题。

正所谓："万物缘合谓之生"。茅台酒的酿造过程用"择善而取""不拘流派"的豪放，用"兼收并蓄""交流互鉴"的融合，促使各种来源的微生物绽放出属于自己的精彩，展现出了酿造体系中微生物来源多样之美，同样也展示出了"以大度兼容，则万物兼济"的包容之美。

二、和谐共生，物种多样

对酿酒行业来说，"得微生物者得天下"，茅台酒的酿造微生物体系极其复杂，这种复杂造就了传统白酒丰富的风味特征。每一个传统名优白酒背后都有一套经过历史和实践证明的传统工法，以工匠技艺充分调动、平衡复杂的微生物体系，确保了产品品质。但是，茅台酒酿造环境和过程中到底存在多少微生物，它们之间是怎样保持体系的稳定性的，这在很长一段时间里都是未解之谜。

茅台在"两期试点"时，以周恒刚为代表的专家组即开始对茅台酿造微生物进行分离鉴定，就是想通过研究微生物揭开茅台酒的品质秘诀。但是限于科学技术的发展，之后的五十年对微生物的研究仍处于"盲人摸象"阶段。2005年，茅台与中科院微生物所合作建立了行业第一个白酒微生物菌种资源库，用可培养方式保藏微生物菌种79种近1000株，这也是第一次揭示了茅台酿造过程微生物的种类和数量。自2010年引进高通量测序技术以后，茅台科研工作者们也开始将分子生物学技术应用到茅台酒酿造微生物的研究当中，对微生物多样性解析有了量的积累、质的变化。一方面加速了探索茅台酿造微生物独特性的脚步，另一方面，使得人们对中国固态发酵白酒酿造环境中微生物群落结构和遗传多样性的认识更加全面和客观。

十余年来，通过对茅台酒酿造体系中9800余个样品进行解析，发现微生物种类多达1946种[25]，这个数字也是当前行业可见文献报道中最多的。其中，细菌1063种，涵盖芽孢杆菌属、乳杆菌属、高温放线菌属等种类，真菌883种，涵盖了酿酒酵母、毕赤酵母、裂殖酵母、接合酵母、拟青霉、嗜热真菌

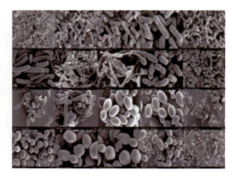

酿造微生物一览图

等种类，也说明了茅台酒酿造体系的复杂性和多样性[26、27、28]。

当然，在获取了 1946 种微生物的物种信息后，关键是如何用可培养手段掌握"活菌"资源。在当前常规微生态研究领域，可检测到的微生物仅有 1% 可被培养并以实体形式留存。茅台科研工作者们通过对生物信息分析，模拟酿造过程及环境设计培养基，进行条件优化，已累计获取 199 种、8400 株酿造微生物活菌资源，可培养比例占 1946 种的 10.2%，远超常规微生态的可培养比例。相信随着科技的发展，这不会是终点，而是新的起点。

而在茅台酒酿造体系中，这些微生物精灵因缘际会，归我所属、为我所用，和谐而又不千篇一律，不同而又不相互冲突，正是儒家哲学思想所述"和谐以共生共长，不同以相辅相成"的具体呈现。

三、一本万殊，遗传多样

随着分子生物学技术的发展，微生物遗传多样性的研究从形态学水平、蛋白水平进入基因水平，也为揭示茅台酒酿造微生物遗传多样性提供了技术支撑。

狭义地讲，微生物遗传多样性主要指的是微生物种内遗传物质发生变化而造成的一种可以遗传给后代的变异。研究种内多样性同样对科学保护和利用独特的茅台酿酒酵母菌资源具有重要意义，种内遗传变异越丰富，对环境变化的适应性也会越强，更有利于优质茅台酒的生产。结合已分离到的茅台酒酿造体系和周边野生环境中的酿酒酵母，开展单链构象多态性分析及生理生化特性检测，发现同一种酿酒酵母可以分生出 10 个不同亚型，从系统演化的角度看，茅台酿造车间的功

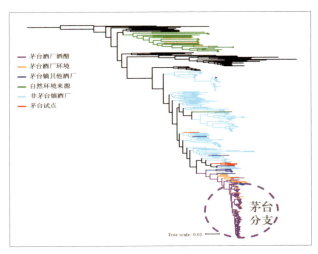

茅台酿酒酵母遗传进化分支图

能性酿酒酵母自成一个相对独立的分支，且与茅台周边野生环境及原料（高粱、小麦）中的不同，这些差异主要体现在遗传信息上。

广义地讲，微生物的遗传多样性就是微生物所携带遗传信息的总和，而微生物功能的多样性则是遗传多样性具象化的展现。通过对茅台酿造微生物多样性研究时产生的 4184G 生物遗传信息的解析，绘制酿造微生物的全局代谢网络，发现茅台酒重要产香微生物——拟青霉，共有 1200 多条代谢途径，且代谢流向受营养、温度、氧气、水分等众多条件的影响。如果条件适宜，其代谢产物生成花香类物质；如果条件不适宜，则生成酸类物质。保守估计，在茅台酿造体系之中，1946 种酿造微生物具有超过 200 万条代谢途径[29]，它们也都在为茅台酒独特风味的形成贡献着自己的力量。

在茅台酒酿造体系中，同一种酿酒酵母可以分生出多个不同亚型，可谓"一本散万殊"。不同微生物间通过遗传信息多样展示出功能的多样，它们之间通过协同、抑制、竞争、拮抗发挥着自己的作用，最终目标都是为酿造优质的茅台酒，又可谓"万殊重归于一本"。在进化演替过程中，茅台酿造微生物形成了丰富的遗传库，正如中华艺术对于美的追求，不求凝固的、不变的永恒，而求发展中的平衡、杂多中的和谐。

第四节　产品之多样性

一、谋篇布局，产品多样

产品美学打造的是产品多重性质的极致追求，即在实用性产品的基础上增添消费者感官或品牌、情感等意义上的美学内涵与价值，在审美型产品的基础上适当降低定制化与个性化的程度，提高产品的技术含量和功能性。在此背景下，茅台铺开了全面的产品战线。

茅台立足于"打造全球第一烈酒公司"的目标，根据茅台酒与系列酒"双轮驱动"战略，精准识别国内国际顾客和市场，确定目标市场及关键顾客，对满足人民美好生活需求进行了一系列的探索，不断为消费者提供"美"的产品，让消费者更直观地感受茅台产品多样之美。

通过产品"六定"法则（后文会有详述），根据国际烈性酒、国内白酒市场代表产品的价格分布情况，茅台打造了不同价格带系列产品。

茅台产品体系的构建可分为两重。首先，茅台酒布局的超高端产品是陈年贵州茅台酒（15年、30年、50年、80年），贵州茅台酒（珍品），贵州茅台酒（精品），飞天茅台酒；高端产品是43度茅台酒。茅台酱香系列酒则围绕"聚焦次高端、中高端发展"的战略定位，采取了茅台酒市场跟随策略，布局的高端产品是茅台1935、王茅酒和华茅酒；次高端产品是汉酱酒和赖茅酒；中高端产品是茅台王子酒、贵州大曲酒和仁酒；中端产品是茅台迎宾酒。以消费者的价格需求和产品需求为导向，是茅台产品体系的第一重构建。

其次，消费者对产品的心理需求和期待值，不仅包括产品的基本功能和使用价值，还有支付高于产品成本溢价所带来的心理需求。这些心理需求可以通过美学设计得以抚慰满足。《园冶》有言："不宜，虽美必弃"。产品在设计上需要高度融合实用性和审美性，并在两者之间寻求一个巧妙的平衡，才能更好地全方位满足消费者。茅台酒瓶经历了从土陶瓶到白瓷瓶到乳白色玻璃瓶再到"酱瓶""纪念瓶"的演变，每个阶段的"变装"都是不同韵味的匠心之作、时代审美的缩影。它像一面镜子，在照亮茅台文化的同时，也反映出茅台对人们日益增长的美好生活需求的不懈努力。另外，茅台以"十二生肖、二十四节气"等中华文化元素开发文化产品，以满足消费者的个性化需求，并

"小茅"和"茅小凌"品牌形象 IP

适时推出了茅台鸡尾酒、茅台冰淇淋等时尚新品，引导年轻消费群体品饮茅台、消费茅台和爱上茅台，这是茅台产品体系的第二重构建。

2022 年第二届"中国品牌强国盛典"如是评价茅台："对酒当歌，人生几何，从赤水斟满九州，从九州飘香四海，喜相逢觥筹交错，庆团圆推杯换盏，这一口醇厚酱香，饮下的是中国品味，激发的是世界共鸣。"茅台产品的多样性也深度诠释了"茅台酱香·万家共享"的内涵，以产品的多样化契合消费的多元化，为消费者带来不一样的享受，让美酒在舌尖上舞动，绽放多样光彩。

二、维度多元，品牌多样

品牌是生产者和消费者共同的价值追求，也是供给侧和需求端升级的发展方向，更是企业乃至国家综合竞争力的重要体现。

进入"美"时代，从茅台的角度考虑，就是要"生产美产品，建设美品牌，树立美形象"。同时，作为中华民族工业品牌的代表之一，茅台坚定不移走品牌兴业、品牌强国的道路，以美为内核，以美为方向，不断丰富茅台品牌"美"的表达，努力向世界展示中国品牌的美学魅力和时代活力。

茅台通过品牌规划、传播推广、持续升级等方法，丰富品牌内涵、增强品牌特性，推动消费体验升级，为消费者持续提供更高质量的产品和服务，同时以"商业广告向文化品牌传播转型"为总体要求，搭建起从"广覆盖"到"优覆盖"演进的全渠道、系统化的传播生态，塑造"有品质、有情怀、有温度"的品牌形象，进一步发挥茅台品牌底蕴深厚、品质极致、个性独特

等文化特色，输出优质产品、品牌文化、工匠精神、中国名片、诚信经营等高品质内容。目前在公司品牌"贵州茅台"下，已构建六大品牌体系：一是产品品牌，即贵州茅台酒（陈年、珍品、精品、经典等）和茅台酱香系列酒（茅台1935、茅台王子酒、汉酱、贵州大曲、茅台迎宾酒等）。二是公益品牌，即"中国茅台·国之栋梁、茅台王子·明亮少年、贵州大曲·点滴有爱、汉酱·匠心传承"等。社会责任是国企基因，茅台通过发起的公益品牌，持续关爱乡村儿童全面成长发展、帮助寒门学子圆梦大学、助力乡村振兴、传承中华文化，矢志不渝地践行国企的大担当，持续以公益擦亮品牌的底色。三是活动品牌，以端午祭麦、重阳茅台酒节、二十四节气系列活动等为载体，凝聚人心，强化品牌的落地和触达，深化茅台文化的传播。四是工匠品牌，通过以"传播民族品牌、传承传统工艺、弘扬民族文化"为目标，积极培育和打造具有茅台属性的国家级非物质文化遗产代表性传承人、中国酿酒大师、勾兑师、品评师等茅台工匠，他们与茅台风雨同舟、患难与共，缔结成"命运共同体、情感共同体、生命共同体"，他们恪守质量信仰、弘扬工匠精神、传承优秀品格，也始终着力将传统酿造工艺成就的高品质茅台酒传播至世界各地。五是服务品牌，通过茅台文化旅游、工业旅游，打造文化茅台的推广平台、工业旅游的整合运营平台、文创产品开发营运平台。六是党建品牌，茅台始终把准把牢国企党建品牌创建的政治方向，结合企业改革发展实际，形成以"红心向党"强引领、以"忠心报国"促担当、以"初心为民"践宗旨、以"匠心强企"抓党建、以"同心筑梦"聚合力的茅台"五心"党建品牌新格局，以高质量党建引领茅台高质量发展、现代化建设。

在新时代背景下，茅台不但形成了特有的、丰富的品牌价值体系，同时在"美"的统领概括下，这种多元化的品牌价值体系形成了一个更加清晰有力的"焦点"，就是要以品质为本、以客户为中心、以消费者为王，持续打造茅台品牌"护城河"，进一步提升品牌高度、品牌竞争力和品牌影响力，以定位精准化实施品牌多样化，以此契合消费的多元化，通过多品牌运作、多渠道销售，在集中、竞争加剧的行业环境中创造价值、降低风险，保障茅台稳

2022年11月8日，"中国茅台·国之栋梁"希望工程圆梦行动2022年"强国有我·茅台学子说"分享会举行。茅台已累计捐资11亿元，助力21.45万学子圆梦大学

定发展。

　　对于茅台来说，不管过去还是未来，始终不变的还是做足酒文章，扩大酒天地，"鹰击长空，鱼翔浅底，万类霜天竞自由"，茅台始终都在寻找着适合自身发展的角色定位，在内外竞争中把握"竞"与"合"，充分展现自身优势，创造自我价值。

参考文献：

1　Song, Xuebo & Zhu, Lin & Jing, Si & Li, Qing & Ji, Jian & Zheng, Fuping & Zhao, Qiangzhong & Sun, Jinyuan & Chen, Feng & Zhao, Mouming & Sun, Baoguo.(2020). Insight into the Role of 2-Methyl-3-furanthiol and 2-Furfurylthiol as Markers for the Differentiation of Chinese Light, Strong and Soy Sauce Aroma Types Baijiu. Journal of Agricultural and Food Chemistry. XXXX. 10. 1021/acs. jafc. 0c04170.

2　Wang L. Research trends in Jiang-flavor baijiu fermentation:From fermentation microecology to environmental ecology. J Food Sci. 2022 Apr; 87(4): 1362-1374.

3　Wang Q, Zhang H, Liu X. Microbial Community Composition Associated with Maotai Liquor Fermentation. J Food Sci. 2016 Jun;81(6): M1485-94. doi: 10. 1111/1750-3841. 13319. Epub 2016 Apr 27. PMID: 27122124.

4　Luo S, Zhang Q, Yang F, Lu J, Peng Z, Pu x, Zhang J, Wang L. Analysis of the Formation of Sauce-Flavored Daqu Using Non-targeted Metabolomics. Front. Microbial. 2022 13: 857966.

5　陈良强，杨帆，王和玉，汪地强，王莉.基于细菌群落构成对高温大曲类别的判别分析［J］.酿酒科技，2016（09）：48-50+54.DOI: 10.13746/j. njkj. 2016183.

6　Zhu Q, Chen L, Peng Z, Zhang Q, Huang W, Yang F, Du G, Zhang J, Wang L. Analysis of environmental driving factors on Core Functional Community during Daqu fermentation. Food Research International. 2022 157: 111286.

7　林琳，罗汝叶，杨婧，陈良强，杨帆，汪地强，王莉.基于香气成分组成的大曲类别鉴别方法［J］.酿酒科技，2015（09）：12-14.DOI: 10. 13746/j. njkj. 2015274.

8　陈良强，张巧玲，杨帆，王莉 . 小麦品种对库德里阿兹威氏毕赤酵母风味代谢特性影响的研究［J］. 中国酿造，2022，41（3）：45-50.

9　Wang MY, Yang JG, Zhao QS, Zhang KZ, Su C. Research Progress on Flavor Compounds and Microorganisms of Maotai Flavor Baijiu. J Food Sci. 2019 Jan;84(1): 6-18. doi: 10. 1111/1750-3841. 14409. Epub 2018 Dec 12. PMID: 30548499.

10　Wang W, Liu R, Shen Y, Lian B. The Potential Correlation Between Bacterial Sporulation and the Characteristic Flavor of Chinese Maotai Liquor. Front Microbiol. 2018 Jul 2;9: 1435. doi: 10. 3389/fmicb. 2018. 01435. PMID: 30013536; PMCID: PMC6037195.

11　Wu, Y., Hao, F., Lv, X., Chen, B., Yang, Y., Zeng, X., Yang, F., Wang, H., & Wang, L.(2020). Diversity of lactic acid bacteria in Moutai-flavor liquor fermentation process. Food Biotechnology, 34, 212-227.

12　Ling Y, Li W, Tong T, Li Z, Li Q, Bai Z, Wang G, Chen J, Wang Y. Assessing the Microbial Communities in Four Different Daqus by Using PCR-DGGE, PLFA, and Biolog Analyses. Pol J Microbiol. 2020; 69(1): 1-11. doi: 10. 33073/pjm-2020-004. PMID: 32067441; PMCID: PMC7256838.

13　Ji X., Yu X., Zhang L., Wu Q., Chen F., Guo F., Xu Y. Acidity drives volatile metabolites in the spontaneous fermentation of sesame flavor-type baijiu. Int J Food Microbiol. 2023 Mar 16; 389: 110101. doi: 10. 1016/j. ijfoodmicro. 2023. 110101. Epub 2023 Jan 25. PMID: 36724601.

14　Yi Z., Jin Y., Xiao Y., Chen L., Tan L., Du A., He K., Liu D., Luo H., Fang Y., Zhao H. Unraveling the Contribution of High Temperature Stage to Jiang-Flavor Daqu., a Liquor Starter for Production of Chinese Jiang-Flavor Baijiu,, With Special Reference to Metatranscriptomics. Front Microbiol. 2019 Mar 12; 10: 472. doi: 10. 3389/fmicb. 2019. 00472. PMID: 30930875; PMCID: PMC6423406.

15　Tang J., Tang X., Tang M., Zhang X., Xu X., Yi Y. Analysis of the Bacterial Communities in Two Liquors of Soy Sauce Aroma as Revealed by High-Throughput Sequencing of the

16S rRNA V4 Hypervariable Region. Biomed Res Int. 2017; 2017: 6271358. doi: 10. 1155/2017/6271358. Epub 2017 Feb 28. PMID: 28337455; PMCID:PMC5350383.

16 Xu Y., Zhi Y., Wu Q., Du R., Xu Y.Zygosaccharomyces bailii Is a Potential Producer of Various Flavor Compounds in Chinese Maotai–Flavor Liquor Fermentation. Front Microbiol. 2017 Dec 22; 8: 2609. doi: 10. 3389/fmicb. 2017. 02609. PMID: 29312273; PMCID: PMC5744019.

17 Song Z., Du H., Zhang Y., Xu Y. Unraveling Core Functional Microbiota in Traditional Solid–State Fermentation by High–Throughput Amplicons and Metatranscriptomics Sequencing. Front Microbiol. 2017 Jul 14;8: 1294. doi: 10. 3389/fmicb. 2017. 01294. PMID: 28769888; PMCID: PMC5509801.

18 Yank Y., Chen S., Nie U., Xu Y. Characterization of volatile sulfur compounds in soy sauce aroma type Baijiu and changes during fermentation by GC × GC–TOFMS., organoleptic impact evaluation， and multivariate data analysis. Food Research International. 2020 131: 109043.

19 Zhao T., Chen S., Li H., Xu Y. Identification of 2–Hydroxymethyl–3, 6–diethyl–5– methylpyrazine as a Key Retronasal Burnt Flavor Compound in Soy Sauce Aroma Type Baijiu Using Sensory–Guided Isolation Assisted by Multivariate Data Analysis. J Agric Food Chem. 2018 Oct 10; 66(40): 10496–10505. doi: 10. 1021/acs. jafc. 8b03980. Epub 2018 Sep 26. PMID: 30221519.

20 Huang Y., Yi Z., Jin Y., Zhao Y., He K., Liu D., Zhao D., He H., Luo H., Zhang W., Fang Y., Zhao H. New microbial resource: microbial diversity, function and dynamics in Chinese liquor starter. Sci Rep. 2017 Nov 6; 7(1): 14577. doi: 10. 1038/s41598–017– 14968–8. PMID: 29109406; PMCID: PMC5674051.

21 Yuwei Tan, Hai Du, Yan Xu et al. Geographically Associated Fungus–Bacterium Interactions Contribute to the Formation of Geography–Dependent Flavor during High– Complexity Spontaneous Fermentation[J]Microbiology Spectrum, https://doi. org/10. 1128/ spectrum. 01844–22.

22 卢建军，杨帆，杨婧，陈良强，刘延峰，王和玉，王莉.白酒酿造中产正丙醇的微生物溯源研究［J］.中国酿造，2019，38（7）：151-155。

23 Wang, L., Wang, Y.Y., Wang, D.Q., Xu, J., Yang, F., Liu, G., Zhang, D.Y., Feng, Q., Xiao, L., Xue, W.B., Guo, J., Li, Y.Z., & Jin, T.(2015b). Dynamic changes in the bacterial community in Moutai liquor fermentation process characterized by deep sequencing: Dynamic changes in the bacterial community in Moutai liquor. Journal of the Institute of Brewing, 121(4), 603–608.

24 王和玉，刘延峰，张巧玲，堵国成，杨帆，李江华.1株来源于茅台酒酿造过程宛氏拟青霉 MTDF-01 的全基因组测序及分析［J］.食品科学，2019，40（24）：185-192。

25 王莉，王亚玉，王和玉，刘光，杨帆，蒋弘刚，徐进，汪地强，金桃.酱香型白酒窖底泥微生物组成分析［J］.酿酒科技，2015（01）：12-15.DOI：10.13746/j.njkj.2014513.

26 吕锡斌，吴耀领，郝飞，曾祥炼，张巧玲，陈良强，袁颉，罗汝叶，杨帆，王和玉，王莉，尉洪涛，韩培杰，白逢彦.高通量测序技术分析酱香型白酒下造沙轮次的微生物多样性［J］.酿酒科技，2019（03）：52-58+64.DOI：10.13746/j.njkj.2019031.

27 郝飞，吕锡斌，吴耀领，曾祥炼，张巧玲，陈良强，袁颉，罗汝叶，杨帆，王和玉，王莉，尉洪涛，韩培杰，白逢彦.酱香型白酒酿造酒醅中酵母菌多样性研究［J］.菌物学报，2019，38（05）：620-630.DOI：10.13346/j.mycosystema.180313.

28 Wang, L., Huang, Y. G., Hu, X. X., & Li, Y. Y.(2021b). The impact of environmental factors on the environmental bacterial diversity and composition in the Jiang-flavoured Baijiu production region. LWT, 149, 111784.

29 陈笔，陈良强，胡光源，王和玉，王莉，杨帆.应用生物信息学定向筛选产角鲨烯的微生物研究分析［J］.酿酒科技，2019（09）：50-55.DOI：10.13746/j.njkj.2019148.

第 七 题

茅台营销美学

营销美学（Marketing Aesthetics）是系统化的营销策略理论的美学运用，由美国学者贝恩特·施密特（Bernd Schmitt）和亚历克斯·西蒙森（Alex Simonson）提出，他们著有 *Marketing Aesthetics* 一书。在消费者的体验世界中，美学是主要的满意度。营销美学是通过产品的"性能价值比"、品牌的美感传播、体验的美好感知等美学营销方式，实现消费者对产品的高满意度、对品牌的高忠诚度、对文化的高认同度，形成厂商和消费者利益共同体、情感共同体和命运共同体。

在中国美学与文艺理论中，"文"与"道"、"艺"与"道"向来不能分离。清人刘熙载说得最为直接："艺者，道之形也"[1]。美学并不是神秘而遥不可及的[2]，人们在一系列的生命或生活过程中，通过不同的感官体验来发现美、接触美，达到心灵上的满足感。而究竟是什么为消费者带来价值？什么真正使顾客感到满意？什么使顾客身心愉快？只有当客户需求得到满足时，价值才会产生。随着社会发展，世界上大多数人的基本物质美学需求，就可以很容易地产生价值[3]，而营销的最终目的也在于满足顾客对美的追求。

第一节 "六定"法则定义产品的美学价值

产品是实用性和艺术性的结合，实用性对应的是产品功能，也就是商业价值的基础需求；艺术性对应的是产品美学价值的需求。茅台在产品设计上都高度融合实用性和审美性，寻求两者之间巧妙的平衡，以满足客户在"美时代"体验"美生活"的消费需求。

茅台从产品定位、定档、定型、定价、定量、定景等"六定"法则，定义产品的美学价值，注重品价匹配、文化赋能、价值体现，致力于给予顾客难忘的感官体验、满意的精神享受。"六定"也是基于市场环境和行业动态，消费需求和行为变化，产品特性和客观现状，从产品的综合能级和美学价值，综合分析产品竞争优势，形成的独具茅台特色的产品法则，实现在产品营销过程中定位不同人群，用美的品牌、美的品质、美的设计、美的文化、美的服务、美的场景，抵达顾客心灵的窗口，直击其爱美的灵魂。

一、定位

定位即根据品牌规划、产品属性、市场需求等因素，赋予不同产品不同的市场使命，使其在潜在消费者心智中做到与众不同。产品定位目的就在于寻找不同细分市场客户，建立一个与目标市场有关的产品形象的过程和结果，使商品在消费者心中占领一个特殊的位置。

产品定位亦是影响客户购买决定的主要因素之一，客户依据自身经济实力、使用场景、品牌偏好等因素圈定不同层次产品，在选择它的同时，能够体验或收获到其产品属性带来的心理层面的社会价值。

消费者购买不同品牌的同级汽车，有的客户是为了享受奢华，有的客户是为了体验驾驶，有的客户是为了节约耐用。不同的产品定位将吸引不同的细分市场客户，客户会根据自身偏好做出选择，从而达到购买目的。

茅台酒是中国传统文化及智慧的结晶、中国白酒最具代表性的产品，也是茅台企业最为重要的战略支撑及产业支柱。悠久的历史文化与丰富的传奇色彩，赋予茅台酒最为独特的文化属性，也让其与标杆企业竞争时，具备相当高程度的市场优势，这既是白酒龙头行业地位的体现，也反映出茅台酒在广大消费者心中独一无二的地位。而为了满足消费者多样化需求及提升个性

化服务，茅台采取了"一体三品"战术，即尊品、精品、珍品、经典等每个产品体系开发三款不同产品，分别为市场主体版、文化版及团购版，以满足消费者多元化需求。

茅台酒也在多种属性的加持下，有了"高档商品""酒文化极致"的定位。这一定位既展现了茅台自身品牌或产品美的属性，又满足了客户精神层面的美学追求。纵观茅台品牌发展历史，从西汉唐蒙出使南越，献酒汉武帝称"甘美之"，至1915年茅台酒获巴拿马万国博览会金奖，再到茅台成为白酒行业的龙头，市场上长期一瓶难求，"酒文化极致"已经得到充分诠释。现实生活中，茅台酒常被用于宴请，体现对合作伙伴或朋友的重视；被用于赠礼，体现对亲人或贵宾的尊重；被用于家庭团聚，体现对美好生活的追求。这些应用场景，都是对茅台酒"高档商品"定位的多重表达。独一无二的产地、传承千年的工艺、长期贮存的优质基酒、独特富有内涵的文化故事、七十多年发展形成的统一包装设计，无不在消费者心中留下最美的印记，紧紧吸引住消费者的目光，唤醒大众对美好生活的渴望。

二、定档

"定档"即根据茅台酒每款产品的酒体品质和消费感知，从质量和市场两个维度进行定档，质量维度以公司酒体分级标准确定，市场维度是消费者对产品的主观认同感受。"档"就是把商品的层次提高了，档次与品质是相关的，不同的品质对应不同的价格，而"高档商品"更着重于高品质、高质量，品价相符，物有所值。

科勒在《营销管理》（*Marketing Management*）第 9 版中，将价值细分看作是"一种强有力的细分方式"，即根据购买者想从产品中获得的益处来对购买者进行分类的一种技术[4]。厄本和施塔尔在《高级营销战略》（*Advanced Marketing Strategy*）一书中也强调了形成一个"独特的利益主张"的重要性。书中认为："如果我们针对市场中很重要的一部分，形成了某个重要因素上的竞争优势，我们就可以享受巨大的市场份额和高利润率。"因此，营销管理者的任务就是运用联合分析和其他方法来组合产品性能，直到产品与顾客的期望值完全一致，并且为他们的问题提供了解决方案[5]。

社会在不断进步，人们生活质量日益提升，物质需求相应激增，单独一个品类已经无法满足人们在美时代追求美生活的需要，茅台顺应时代变化，不断完善产品结构，按照酒体品质将茅台酒分为尊品、珍品、精品、经典四个档次，价格也从高到低相应分为四个档次。通过产品性能及价值进一步细分，给予符合或更接近顾客心中预期的产品选择，以多样化的产品服务客户，带给客户更多美的体验。

为了弥补高端、中高端市场空白，丰富产品链，茅台结合市场需求，推出千元价格带高端产品茅台1935，梳理千元以下次高端产品汉酱，中高端产品茅台王子、茅台迎宾等产品结构，厘清价格体系，形成层次清晰、品质突出的产品矩阵。

20世纪80年代，珍品茅台酒（纸珍）悄然问世，加深了人们对茅台酒稀缺的认知。2021年，茅台为补充4000—5000元超高端产品链，重塑珍品茅台酒产品形象，对其进行了全方位升级，继续将珍品作为产品副名称，并于2021年12月29日发布上市。其酒质介于精品酒和陈年贵州茅台酒（15年）之间，产品以高附加值、高市场定位为核心理念，赋予产品特殊定义和特殊工艺，坚持传承和创新，打造新系列、新境界、新高度，与茅台品牌及产品形象高度匹配。

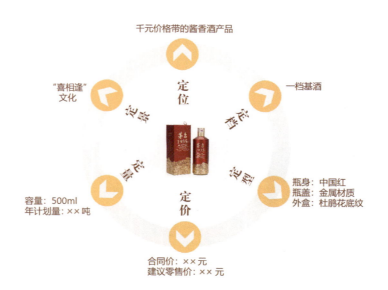

面对辉煌的 1935 年历史，面对消费者"更美好生活饮酒需求"，面对茅台酒稀缺的现状，茅台以"六定"法则为根基，推出的又一经典匠心产品茅台 1935，以茅台为名，是茅台酒产品体系的重要丰富，更是要让更多消费者喝上高品质美酒，而定价 1188 元 / 瓶，也符合消费升级之下大众消费主流价格带，体现了茅台与消费者同行的价值观。

三、定型

"定型"主要指产品设计和品牌设计，产品设计包括酒瓶、酒盒、外箱等包装材料和酒杯、酒器等配套部件的设计，品牌设计包括对 slogan、VI、产品体验店等品牌形象宣传的设计。顾客无法直接了解组织或品牌的文化、宗旨、战略和价值观，不能直接了解组织或品牌的内涵，但顾客可以看到组织或品牌的公共外表——它的形象。这种公共外表是通过具有不同美学风格和主题的多种识别要素表达，人们不会看到它的整体，但多种不同的认知会综合成顾客对产品的整体印象。

人们总是希望靠近美好的事物，倾向于认为长得好看的人除了外表之外还有一些其他的积极品质，社会心理学家称之为"光环效应"，这种"看脸"的心理同样适用于产品设计，人们认为漂亮的产品更有价值或者更具品质。"情人眼里出西施"，艺术美由于是外在的、易感知的，因而生动、具体，具有广泛的理解性与传播性；功能美则是更多地通过技术关系等多方面的因素所呈现出来的。

1958 年，贵州茅台酒"飞天牌"在香港完成了注册。"飞天牌"商标的诞生，既彰显了中国历史悠久的艺术，又在世界上具有深远的影响力。商标飞天图案是敦煌壁画的标志性形象之一，也是世界美术史上的瑰宝，在人们心中留下不可磨灭的茅台印迹，茅台酒亦承载着中国文化及享誉中外的敦煌文明，飞天而起，飘香世界。

飞天 53%vol 500ml 贵州茅台酒为顶翻式彩盒包装，整体以金色为主，黑、白、红为辅。盒身以飞天仙女为主要元素，盒内配置透明玻璃酒杯、说明书。

酒瓶采用乳白色玻璃材质，瓶身胎体厚重，釉色青白，其色凝重，温润肥腴。贴标为茅台经典斜杠设计，背标主要为茅台酒文字介绍。瓶盖配套采用了具备防伪功能的红色热缩胶帽。瓶身上使用红飘带，刺有"中国贵州茅台酒"字样，系于瓶首。其每一环都展现了茅台酒的整体性、严谨性，每一个设计都展现了设计者对美的思考。而就是如此简约而不失格调的搭配，长期统一的包装，造就了享誉中外的"茅台酒"永恒的经典形象。

经典瓶身

一系相成

经典包装

53%vol 500ml 贵州茅台酒（珍品）延续茅台老珍品的核心视觉风格和元素，采用顶翻盖式彩盒包装，盒身颜色提取自茅台酒糟醅，内衬图案、正面底纹为茅台文化元素，表达更原始、厚重的茅台文化。酒瓶为高白健康瓷泥材质，选用茅台陈年酒坛颜色作为主体色，双色釉相互结合，锻造层次丰富、纹理细腻的窑变效果，并赋予凹凸肌理。瓶盖为锌合金材质，凸显产品质朴与厚重感。

窑变瓶身

厚重纹刻

重绎经典

水纹纹饰瓶肩

浮雕长图

茅酒之源

茅台1935瓶身以长图的形式，展现了茅酒之源、川盐走贵州、千古酿艺等内容。主题字及插画内容在瓶身上以浮雕凸起的方式呈现，代表着对时光的镌刻，对历史的铭记，同时也是对工匠精神的致敬。瓶肩层层金色水纹纹饰是赤水河荡漾流波的表达，是时间年轮的沉淀。

四、定价

"定价"与"定档""定型"相匹配，根据"质价相符"和"公平、合法和诚实信用"的原则，确定产品合同到岸价和市场建议零售价，赢得消费认同。

价格是衡量产品价值的最直接体现，消费者购买产品，本质上买的是给他带来的价值。定价就是建立消费者对产品的价值认知，不仅是字面意思上的表达，对产品价格进行估量，更是对产品属性的介绍与价值的共享，使顾客认知产品，形成价值上的信息传递。茅台酒作为"高档商品"，品饮、社交、收藏、投资等价值属性已广受大众认可，并形成意识形态的统一。

产品定价也会对企业内部和外部造成影响。从企业生产经营方面分析，定价决定了企业经营的收入和利润，其背后代表着企业整个利益链。包含了顾客、经销商、员工、供应商、股东投资人利益等多方面的利益分配。从市场竞争而言，不同的定价，决定了顾客群到底是谁、在什么领域、市场大小。不同的定价会决定和谁直接竞争，如何打破别人的封锁等，从而建立自己的竞争力，甚至封锁竞争。

因此，定价决定企业战略重点、整个价值链、利润率和资源配置方向，甚至会影响企业生死。如今，茅台已建立起长效科学的"定价"机制，多维度定义产品的价值，形成从百元到上千元，乃至数千元的不同价格带产品，如茅台迎宾酒、茅台王子酒、汉酱、茅台1935、43度贵州茅台酒、53度贵州茅台酒、贵州茅台酒（精品）、贵州茅台酒（珍品）、贵州茅台酒（尊品）等等。

价格带的形成，可以在定位消费群体的同时，分享产品价值信息，同时，也能在不同价格带上形成差异、个性、互补的产品体系，满足不同消费者的需求和喜好，实现以价格美学引领市场，助力产品营销。

五、定量

茅台根据不同产品的市场定位和消费需求，从包装容量、计划产量、市场投放量三个维度进行定量。在充分研究市场需求、消费行为基础上，结合基酒产能，开展消费群体分析，对客户群体进行精准画像，掌握消费者的消费喜好，确定或调整适应市场需求的产品包装容量，并提前规划好相应的生产量和计划投放量。

开发一款产品，首先是要明确目标市场和市场容量，通俗来说就是"卖给谁、最多能卖出多少"。目标市场需要从目标消费者的消费特征、收入结构、需求程度等维度来判断。市场容量则需尽可能预估 TAM、SAM、SOM（总体潜在市场、可触达市场、可获得市场），从而规划产品的生产、投入、推广。

茅台酒因产地面积、环境、生产工艺等影响，产能受限，产量长期远远低于市场需求量。

"定量"可极大降低产品投放的风险，并对目标群体有一个较为精准的研判，帮助企业迅速抢占市场。这是一个从外到内的过程，以市场需求调整自身供给计划，直接影响到市场最终价格。通过对产品量的把控促使形成一个健康、有序的市场环境，保障消费者权益，维护其购买后产品的长期价值，是产品美学不可缺少的一环。

六、定景

定景即根据产品定位锁定客户群体，设计情景式的消费场景、传播场景，与品牌和产品形象高度契合，做到精准营销。

"场景"一词最初来源于戏剧或电影拍摄的背景布置，是"场合＋情景"，包括了时间、空间（环境）、道具（物件）、情节（行为）、角色（人物）等要素，其基本含义是适应角色情节需要的时空背景。后引申到互联网虚拟的场景设计，再延伸到实体经营的场景营销。

从客户角度出发，场景可以分为消费场景（或需求场景）、用户场景（客户自身所处的场景）和使用场景（使用产品时的场景），这三者可以分离，也可以融合。而对于企业而言，消费场景是整个营销环节中必不可缺的一环。我们可以将消费场景定义为：特定时刻用户（角色）特定目的消费（情节）所需的行为场合和形态。因此，消费场景是有时空性、指向性和目的性的。

茅台重视顾客深层次的需求，努力发掘场景要素的运用和组合，找到与用户沟通、连接的符号和密码，塑造独特、个性化的调性和氛围表达，更好地贴近和吸引消费者。这也是情景式营销的最终目标，通过各种场景打造沉浸式代入感，将产品或品牌价值具象化、体验化，与用户产生交流互动，使用户感受产品的温度，以超值的消费体验，生成品牌黏性，并通过社群化，形成圈层和粉丝经济。

专为"i茅台"数字营销平台开发的100ml贵州茅台酒，从产品开发之初就量身定制了"老友小酒"的消费场景，"小茅"的可爱形象、醇厚的茅台美酒，亲友间小酌怡情，酒到酣处情意更浓，让一众茅粉品鉴茅台时感受到浓厚的烟火气。

此外，茅台通过与国际、国内知名机构、品牌、媒体携手，共同打造诸多高端消费场景，如"一带一路"品牌推介活动、联合国《生物多样性公约》第十五次缔约方大会（COP15）、亚太经合组织（APEC）工商领导人峰会等。

　　岁月积淀，俯仰从容，尽在樽酒之间。陈年贵州茅台酒蕴含尊道、崇德文化内涵，寓意茅台顺天应时，赓续创新传承之美，孕育美时代时空之酿，打造以"尊道崇德，品味岁月"为主题的品饮场景，携手消费者共享美酒美食美生活。

　　岁月倥偬，时光翩跹，父子并肩把岁月勾兑成美酒［现贵州茅台酒（珍品）］。贵州茅台酒（珍品）由茅台首席勾兑师王刚领衔勾兑，他的父亲王道远

52%vol 500ml 陈年贵州茅台酒（80年）

53%vol 500ml 陈年贵州茅台酒（50年）

53%vol 500ml 陈年贵州茅台酒（30年）　　　53%vol 500ml 陈年贵州茅台酒（15年）

也曾是当年珍品茅台酒勾兑师之一，父子两代付诸心血的产品赓续了茅台工匠的精湛技艺和文化传承。三十五年的时光流淌中，贵州茅台酒（珍品）以"珍品不惧岁月，时间酿造美酒"为品饮场景，汇聚大师匠心，赋予生活醇香，让"珍品茅台"在时间长河历久弥新。

53%vol 500ml 贵州茅台酒（珍品）　　　53%vol 500ml 贵州茅台酒（精品）

飞天 53%vol 500ml 贵州茅台酒　　　43%vol 500ml 贵州茅台酒

贵州茅台酒（精品）凝聚历代酿造者的智慧精华，铸就了一颗世代相传的茅台匠心，成就了无与伦比的卓越品质，以"誉满京华、共享荣耀"为主题的品饮场景，融入中华千年传统文化，饱含时光的奥妙与悠长的韵味。

贵州茅台酒（生肖）把生肖文化、五行文化、水墨画、书法艺术巧妙汇聚于一体，用历史的厚重、文化的深远为一如既往的优秀酒质增添更深层次的口感，为每一位品鉴者带来全方位、沉浸式的文化体验。

53%vol 500ml 贵州茅台酒（生肖）

贵州茅台酒（经典）有着丰富的人文历史故事和深厚的文化底蕴，是一张香飘世界的中国名片，以"崇本守道、坚守工艺、贮足陈酿、不卖新酒"的质量理念，在杯酒中见证波澜壮阔。

曾以为理想是远走他乡，后来发现理想不过是和家人团团圆圆，坐在一张饭桌上的阖家欢乐。43度贵州茅台酒突出的"平和之美"，像家庭里洋溢的脉脉亲情、绵绵爱意，温情满人家，又将百鸟朝凤、喜鹊登梅等美好祝愿融入其中，昭示人间处处是真情。

43%vol 500ml 贵州茅台酒（喜宴）

53%vol 500ml 茅台 1935

"人生得意须尽欢，莫使金樽空对月"，茅台1935，以"喜相逢"为文化内核，打造以"喜文化"为主题的品饮场景，与平常百姓家的喜事相逢，与人生美好时刻的幸福相会，让"喜逢"成为最鲜明的产品文化特征。品饮者在开怀畅饮之间，不经意与历史相逢，尽显文化厚重；与品牌相逢，尽显茅台品质；与喜事相逢，尽显幸福美好。

产品的"六定"法则，从市场、品质、文化、包装设计、市场投放、价格、场景等多个维度挖掘产品的美学价值，揭示了物质世界的普遍联系原理，在大浪淘沙、适者生存的市场环境中，以独特的故事、厚重的文化、美感的设计，连接与顾客之间的桥梁，成就属于中国的传奇。"六定"法则作为茅台产品的美哲学，是从实践中产生并指导实践的思想智慧，是对产品认识论反思的智慧，是结合时代形成的理论化、系统化的思想体系。

茅台的目标不仅是世界500强，更是中国企业哲学的布道者，中国文化的传播者。中国需要茅台，世界亦需要茅台。新的征途，茅台将继续向美出发，持续为消费者提供美的产品、美的服务，遵循企业之"道"、茅台之"道"，将美进行到底。

第二节　品牌美誉度

品牌是生产者和消费者共同的价值追求，也是供给侧和需求端升级的发展方向，更是企业乃至国家综合竞争力的重要体现。茅台作为中华民族工业品牌的代表之一，坚定不移走品牌兴业、品牌强国的道路，以美为内核，以美为方向，不断丰富茅台品牌"美"的表达，努力向世界展示中国品牌的美学魅力和时代活力。站在新的历史起点上，茅台在国际国内双循环的新发展格局中，在"开放与奋进"的新发展征程中，塑造成为世界一流品牌，让中国品牌引领新的全球风尚，成为茅台新时代的品牌愿景和使命。

一、品牌美誉度蓄势赋能

从发展阶段和生长规律来看，茅台既有大单品战略，也有多品牌矩阵的赋能，占据酱香酒品类的制高点。在不同阶段，茅台采取不同的品牌战略，不断强化品牌美誉度。茅台品牌管理的历程是茅台品牌发展的变革之路，也是茅台美誉度蓄势的道路。

1. "金字塔尖"的大单品

在中国白酒行业，许多企业都有自己的大单品。其中，茅台无疑是引领者和坚守者。茅台旗下飞天53%vol 500ml 贵州茅台酒被誉为经典，是茅台的代名词。为什么茅台能够孵化出大单品，并在国内大单品的销售中取得绝对性优势？绝对离不开对品质的坚守、对价格的捍卫以及对主业的专一。

茅台之所以保持正向增长，很大原因在于时刻掌握着品质这一制胜法宝，始终恪守"质量是生命之魂"，像一名热爱钻研的"老酒匠"，在质量方面精益求精：从 14 项茅台酒工艺操作要点，到成功制定出指导茅台酒生产的企业标准和质量评测制度，到将 ISO9001 国际标准引入茅台生产质量体系等，茅台已构建起全流程的质量监管体系，不仅为稳健扩产奠定坚实的基础，而且为茅台的高质量发展持续赋能。正是对高品质的追求，使得茅台酒在消费者心中逐步占据"金字塔"尖，从而获得极高的美誉

53%vol 500ml 贵州茅台酒

度，形成不可替代的产品符号，质量也成为茅台大单品战略获得成功的基础。

此外，大单品的成功打造还需要极多的时间与精力，而茅台始终专攻主业，并集中所有资源来打造它。一直以来，茅台以为消费者酿造好酒为使命。因此，在白酒行业盛行跨行业多元化发展之风时，茅台也始终以主业为发力点，即便是扩展多元化业务，也始终围绕酒业展开。在短时间内，茅台收益或许不如其他多元化发展的企业。但从长远来看，过度多元化的发展势必会分散酒企的精力，进而削弱其主业的竞争力。而茅台长期聚焦于主业，集中力量投入生产53度飞天茅台酒，提升大单品的核心竞争能力，因此，其竞争力远高于其他大单品。

2. 各美其美的"茅台产品矩阵"

在专注于大单品战略的同时，打造品牌矩阵也是茅台的重要战略。在品牌进阶式成长中，茅台先后经历了开辟酱香酒新品牌、开拓新品类、开发系列酒、集群式发展等多个大事件。

第一，茅台在早期所做

系列酒产品矩阵

茅台酒产品矩阵

的品牌开拓和尝试，给以后实现品牌集群式发展提供了坚实基础。茅台对品牌开辟的尝试始于20世纪80年代，在改革开放的浪潮下，贵州茅台酒厂劳动服务公司正式成立，1985年，该公司下属的附属酒厂生产的"台源窖酒"正式面市，成为茅台子品牌战略的发轫之作。20世纪90年代，茅台推出了又一重磅品牌——茅台陈年酒。1992年，茅台相继推出陈年系列酒，如陈年贵州茅台酒（80年）、陈年贵州茅台酒（50年）、陈年贵州茅台酒（30年）等。此后，茅台加速拓展新品牌，并在1999年、2000年分别推出茅台王子酒与茅台迎宾酒。这两款酱香酒的使命，就是让购买力较弱的消费者也能喝上高品质酱香酒。从这一点出发，茅台在品牌开拓上开始了第三次尝试。2014年，茅台生肖酒问世，其设计和生肖结合，在包装上采用黄永玉设计的生肖图案，将国粹和高品质白酒融合在一起，创造出中国白酒宝贵的文化景观。至今，茅台生肖酒仍是大受欢迎的产品，其价值不仅在于饮用和收藏，还有与中国消费者之间的文化共鸣。

第二，茅台向其他品类延伸，进一步助力茅台品牌矩阵的搭建。2002年，

河北昌黎茅台凤凰庄园

茅台提出"一品为主、多品开发"的发展战略。在此战略引领下，茅台在酱香酒的基础上，拓展出其他品类酒，葡萄酒和啤酒就是其最为典型的尝试。从多品牌走向多品类，是茅台品牌矩阵成长的标志。

2002 年，茅台在被国家命名为"中国酿酒葡萄之乡"和"中国干红城"的河北省昌黎县，创办了贵州茅台酒厂（集团）昌黎葡萄酒业有限公司。企业以"酿造中国自己的葡萄酒，酿造高品位生活"为追求，提出"茅台干红红天下"的宏伟目标。在当年的糖酒会中，茅台宣布茅台葡萄酒酒庄项目正式启动，这不仅体现出茅台葡萄酒向高端葡萄酒行列进军的决心，也是茅台多维国际化的开端。

第三，联合系列酒和子公司品牌打造品牌矩阵，构筑茅台发展护卫舰。2012 年，白酒行业进入深度调整期，这反而为茅台提供了一次弯道超车的机会，使其最终实现了整个酱香酒品类的崛起。在这场危机中，茅台不仅坚守 53 度飞天茅台酒的市场地位，还大力发展子品牌，聚合形成"三茅一曲四酱"品牌矩阵，开启"一品为主，多品发展"的战略模式。

2015 年年初，茅台提出打造"三茅一曲四酱"系列酒品牌体系，借助茅台酒的品牌，将系列酒推向市场，以壮大贵州茅台整个酱香酒家族的发展力量。其中，"三茅"指赖茅、王茅、华茅，"一曲"为贵州大曲，"四酱"为汉酱、仁酒、茅台王子酒和茅台迎宾酒。2017 年，茅台将品牌体系调整为"1+3+3"。其中"1"为一个核心产品，即 53 度飞天茅台酒；第一个"3"指茅台王子酒、茅台迎宾酒和赖茅三个全国性品牌；第二个"3"指三个区域性品牌，即汉酱、仁酒、贵州大曲。2018 年，茅台基于这一品牌架构，采取"一核带动，双轮驱动"的品牌集群方式开拓市场。

2022 年年初，茅台正式推出系列酒新品茅台 1935，入局千元价格带，把茅台 1935 打造成千元价格带的百亿级超级大单品；把茅台王子酒（酱香经典）和茅台王子酒（金王子）打造成超 20 亿元大单品；把汉酱酒和茅台迎宾酒（紫）打造成超 10 亿元大单品。2022 年以来，茅台集团打出"茅台酱香，股份出品""茅台家族，集团出品"两张王牌，推进新老产品"六定"、产品带

茅台冰淇淋

价格带梳理，全系产品成功瘦身400余款，初步改变了过去品牌杂乱、产品繁多、同门竞争的局面，实现茅台白酒产业的格局最优化。

茅台酒含税销售收入连续两年超过千亿元，成为全球首款超千亿级烈酒大单品；茅台1935，站稳千元价格带核心地位。"茅台酱香"以平易近人之姿"万家共享"：100毫升茅台酒、茅台1935、茅台冰淇淋，让越来越多的消费者走近茅台、认识茅台。集团旗下葡萄酒、果酒等酒种发展齐头并进，相互补充，让"集团出品"更具影响力和产品市场竞争力，正在用力撼动股份公司"一企独大"、茅台酒"一品独大"的市场格局，茅台的品牌美誉度愈加牢固，各品牌互相影响、互相促进，构筑起牢不可破的美誉度城墙。

二、独具特质的品牌传播力

茅台的品牌美誉度并非一日而成，而是从茅台厚重的历史文化底蕴中逐渐演变、丰富、传播、塑造形成并巩固的，有着清晰的演进历程。从荣获巴拿马万国博览会金奖、成为国家级重要事件活动的指定白酒、塑造市场"茅台特质"伊始，到远眺海外，借助"一带一路"的东风，推动文化"出海"，不断层层演进、积累升华，最终形成独具特质且不可复刻的品牌美誉度。

茅台 1915 年在巴拿马万国博览会上勇夺金奖的故事，作为茅台酒第一次获得的国际荣誉，在茅台的发展历史上留下了浓墨重彩的一笔。1915 年，巴拿马万国博览会上，贵州省将本地的成义烧坊和荣和烧坊（茅台酒厂的前身）生产的酒类，统一以"贵州公署酒"的名义呈送参赛。中国馆的贵州公署酒因为包装简陋几乎无人问津，爱国代表急中生智打翻酒坛，挥洒浓郁酒香，吸引众多看客，也为后来夺得金奖做下铺垫。

时至今日，茅台为国争光、勇夺金奖的故事已经深入消费者心中。茅台酒在 1915 年获金奖并享有盛誉之后，又在 1916 年美国南加州圣地亚哥召开的巴拿马万国博览会上，再次获得金奖并被评为"世界名酒"，与法国科涅克白兰地、苏格兰威士忌并称为世界三大蒸馏名酒。2015 年，时值茅台酒在旧

2015 年 11 月 12 日，茅台集团在美国旧金山举行纪念茅台酒获
巴拿马万国博览会金奖 100 周年庆典活动，旧金山市市长李孟贤致辞

金山"巴拿马万国博览会"获奖 100 周年之际，茅台连续两年在美国旧金山举行大型品牌推广活动，时任旧金山市市长的李孟贤先生高度评价贵州茅台一百年前在巴拿马万国博览会上夺得金奖的精彩情节。他说，这也让我们有机会回顾旧金山的历史。茅台的经历，已经成为旧金山过去的重要组成部分，因此将每年 11 月 12 日定为旧金山的"茅台日"。

1935 年红军在遵义会议和四渡赤水期间曾途经茅台镇，根据《耿飚回忆录》："这里是举世闻名的茅台酒产地，到处是烧锅酒坊，空气里弥漫着一阵阵醇酒的酱香。尽管戎马倥偬，指战员们还是向老乡买来茅台酒，会喝酒的细细品尝，不会喝的便装在水壶里，行军中用来擦腿搓脚，舒筋活血。"红军与茅台酒的故事使茅台酒的醇香多了一分红色历史的韵味。

1952 年，由华联辉创办于 1862 年的成义烧坊（又称华茅），由王立夫创办于 1879 年的荣和烧坊（又称王茅），由周秉衡创办于 1929 年，后因经营不善被赖家商号收购，并由赖永初接管的恒兴烧坊（接管前叫衡昌烧坊，又称赖茅），在新中国成立后陆续被收归国有，三家烧坊合并，国营茅台酒厂就此成立。

毛泽东主席、周恩来总理等国家领导人相当重视、关心茅台酒的发展。早在 1958 年的成都会议上，毛泽东主席就提出"茅台酒要搞到一万吨，都要保证质量"的愿望；周恩来总理多次强调茅台酒要保证质量，要发展，要加以保护。为确保茅台酒质量，1956 年和 1958 年，周恩来总理曾两次指示，赤水河水不能污染。1972 年，周恩来总理又严令"赤水河上游 100 公里内，不能因工矿建设影响酿酒用水，更不能建化工厂"，这一指示至今仍被严格执行。

茅台有今日之辉煌，并非天生。1988 年，国家放开名酒定价，茅台酒价格和销售表现并不占优。1998 年起，茅台启动市场化改革，变"坐商"为"行商"，积极组建经销商队伍，不断扩大茅台酒市场覆盖范围，2003 年起，茅台在央视《新闻联播》前投放"国酒茅台，为您报时"的品宣广告，同年，茅台酒产量突破一万吨，并获全国质量管理奖。2004 年起，茅台在全国范围内建设茅台酒专卖店体系，与各地商务人士、文化名流等核心消费群体进行有效沟通。且茅台秉持"让合作伙伴赚钱"的原则，不压货、慢提价，经销商长期利益得到充分保障，各地茅台经销商自发成为宣传茅台的主力军。

2012年，"茅台时代"端倪已现。2013年，茅台成为实至名归的白酒行业龙头，多年积累的茅台美誉度呈井喷式爆发。一场酱香热潮，以茅台为中心迅速聚集，白酒行业香型更迭齿轮再度加速运行。2017年，茅台超越帝亚吉欧成为全球市值最高的烈酒企业。悠久的历史和卓越的品质之外，茅台更是通过出色的营销，先讲历史传承和红色基因，确立品牌调性，并持续进行消费者培育，在市场竞争中，一步一个脚印地长期坚持下来。

此时的茅台美誉度已经不仅仅局限于企业单一地向外输送品牌价值和企业理念，而是以自身为基准，形成了一套业内默认的"茅台标准"，其产品质量、市场营销、战略体系结构等诸多方面的体系建设，成为业内企业的参照标准，为追随者们提供参考模板。这恰恰也从侧面印证了茅台美誉度对行业的影响之大。

从1915年旧金山的巴拿马万国博览会开始，茅台便开启了民族品牌的海外之路。在一百多年征程中，茅台频频站上国际舞台，成为外交友谊使者，赢得了国际社会的广泛赞誉，在茅台蓄力开启白酒行业新纪元的同时，沿循国家"一带一路"倡议的国际美誉度塑造在同步进行。2015年，在新的时代背景下，茅台提出"中国茅台，香飘世界"的品牌理念，积极融入国家"一带一路"建设，开展走进俄罗斯、意大利、坦桑尼亚、智利、澳洲等品牌文化传播交流活动，亮相APEC峰会、博鳌亚洲论坛等国际平台，大力传播中国酒文化和中华优秀传统文化，加速了海外消费者对茅台品牌的认知，收获了一大批全球"茅粉"，助推了茅台品牌国际化。坦桑尼亚前总理米增戈·平达在达累斯萨拉姆穆里马尼会议中心出席"文化茅台·多彩贵州""一带一路"行走进坦桑尼亚大型品牌文化推介活动时表示，"茅台是中国最好的产品，我们都会成为茅台的推广大使"。

如今，中国茅台已经成为一张香飘世界的中国名片。

2018年茅台走进澳洲受欢迎场景

2021年以来，聚焦"质量是生命之魂"质量理念、"茅台是酒文化的极致"品牌定位，茅台提出"五线"高质量发展道路和"五匠"质量观，以二十四节气为重要节点开展线上线下"五合"营销系列品牌活动，以美的产品、美的服务，拥抱美时代，凝聚美力量，共创美生活。

新加坡专栏作家 Richard Lim 曾说过这样一句话，若要把中国装在一个酒瓶中，这个瓶子一定是茅台。他认为，当人们举起酒杯，喊一声"干杯"时，没有任何一款酒能够像茅台酒更加适合代表中国的白酒历史和文化。也正是如此，在高速发展的现代化中国，茅台酒也成为传统与科技发展融合的结晶。

三、品牌竞争力

1. 茅台卓越的品质

高品质是茅台美誉度的核心，是因为茅台拥有"四个核心势能"，即独一无二的原产地保护、不可复制的微生物菌落群、传承千年的独特酿造工艺、长期贮存的优质基酒资源，这是茅台的核心竞争优势，也铸就了茅台卓越的品质。

从时间来讲，它是两种时间的叠加，一是酿造时间，二是茅台在历史中的时光积淀，历史时间让茅台酒拥有丰厚的底蕴，而一年的酿造和四年的贮存，是每一瓶茅台酒专属的五年，它的制作时间是对高品质最好的保证。从空间来讲，茅台酒的高品质在于酿造中人与风物的融合。风物来自茅台酒独有的精准空间范围，即 15.03 平方公里，这个特定的区域有着其他地方难以复制的环境条件，茅台酒的品质就在这样的时空交融中得以形成。在不变的空间中，时间不断凝结积累，酿成美酒。这独一无二的融合是茅台酒高品质的诠释。也正是历史的厚重和空间的相互交融，让这高品质的好味道在人们心中留下了深深的烙印。

从独特工艺看，茅台的高品质还来自传统酿造技艺的赋能，每一个细节，都是高品质的源泉。茅台酒酿制技艺是一种独特的传统酿酒工艺，茅台酒的生产工艺分制曲、制酒、贮存、勾兑、包装五大流程，需要经过共30道工序、165 个工艺操作环节。整个生产周期为一年，端午踩曲，重阳投料，酿造期间九次蒸煮，八次发酵，七次取酒，经分型贮放，勾兑贮放，五年后包装出厂。

茅台的制造工艺的特点可以概括为"三高""三长"和"季节性生产"，这是茅台工艺的独特之处。茅台工艺的"三高"是指茅台酒生产工艺的高温制曲、高温堆积发酵、高温馏酒。茅台酒大曲在发酵过程中，温度高达63℃，这比其他白酒的制曲发酵温度要高 10—15℃；茅台酒高温堆积发酵是茅台酒利用自然微生物，进行自然发酵生香的过程，也是形成茅台酒主要香味物质的过程，其堆积发酵温度高达 53℃。茅台酒的蒸馏酒温度高达 40℃以上，比其他白酒高 10—20℃，这使得在蒸馏过程中可以更好地分离茅台酒精发酵的有效成分。

茅台酒工艺中的"三长"主要指茅台酒基酒生产周期长、大曲贮存时间长、茅台酒基酒酒龄长。茅台酒基酒生产周期长达一年，同一批原料要经过九次蒸煮（烤酒）、八次发酵、七次取酒，历时整整一年。

茅台酒工艺的"季节性生产"指茅台酒生产工艺季节性很强。茅台酒生产投料要求按照农历九月重阳节进行，这完全不同于其他白酒随时投料随时生产的特点。采用九月重阳投料一是按照高粱的收割季节；二是顺应茅台当地气候特点；三是避开高营养高温生产时节，便于人工控制发酵过程，培养有利微生物体系，选择性利用自然微生物；四是九月重阳是中国的老人节，象征天长地久，体现中华传统文化。

1996年，茅台酒工艺被确定为国家机密加以保护。2001年，茅台酒传统工艺列入国家级首批物质文化遗产。2003年，原国家质检总局批准对"茅台酒"实施原产地域产品保护。2006年，国务院批准将"茅台酒传统酿造工艺"列入首批国家级非物质文化遗产名录，并申报世界非物质文化遗产。

高端消费品的一大特征便是不计成本地追求极致的产品品质、保障产品质量。早在茅台建厂之时，产品质量便备受关注，茅台酒厂在计划经济时代就确立了"产量和质量发生冲突的时候，产量服从质量；效益和质量发生冲突的时候，效益服从质量"的质量本位原则。这使得茅台能够几十年如一日地坚守"12987"的传统大曲酱香酒工艺和老酒陈贮制度，经历数轮扩产后，产品品质始终如一。

2019中国企业家博鳌论坛上，诺贝尔文学奖获得者、著名作家莫言从文学出发，妙论社会与经济领域的"新旧"话题，赞许茅台对传统工艺的坚守，称茅台酒无论如何创新，如果那迷人酱香味没有了，茅台也就不是茅台了。同年，他到访茅台曾说："酒看起来是人酿造的，但其实是大自然酿造的，是天造地设的。茅台最大的优势，就是它一切的传统工艺都按照老祖宗定下的规矩来做，不会因为茅台酒的畅销而盲目扩产、偷工减料。茅台的卓越品质，源自于茅台对原料的把控、工艺的严谨，以及勾兑过程中一丝不苟的操作，而这也是茅台长盛不衰、赢得了国人口碑的最重要原因。在茅台获得的诸多奖项中，最好的就是'老百姓的口碑之奖'"。当被问到"对于茅台酒的感官体验时"，莫言说："茅台酒的味道是只可意会不可言传的。我知道许多描写酒香的词语，如酒体醇厚、幽雅细腻、空杯留香等等，但是对于茅台酒而言，任何的形容都会显得单调。你唯有亲自品尝一下，再和其他的酒进行一下对比，你才能体会到其中的滋味。"

2. 品牌美学表达

2022 年，茅台提出"空间、时间、人物、科学、文化"的"五维"美学，地理空间"蕴养"品牌成长、时间法则"沉淀"品牌资产、匠人"传承"推动品牌发展、科学"密码"创新品牌表达和文化"滋养"积蓄品牌势能。同时，茅台还提出哲学高度、时间长度、空间绿度、工艺精度、文化温度、竞合气度、生活美度"七度美学"是酒文化的显著特征。

茅台品牌的背后，是空间的"蕴养"。茅台酒的生产酿造离不开 15.03 平方公里的地理标志保护区域，在这个特殊的空间范围内，造就了美丽的迤逦青山、蜿蜒赤水和紫红土壤，成就了独一无二且无法复制的自然生态环境，"山、水、林、土、河、微"构成了生命共同体，茅台神奇的地域空间已成为茅台品牌表达的重要元素。正是这样的神秘空间，才蕴养出了"风来隔壁三家醉，雨后开瓶十里香"的绝世琼浆，才有"美酒出茅台""离开茅台镇酿不出茅台酒"的品牌佳话。茅台的空间表达，亦为自然生态的美学表达。

茅台品牌的背后，是时间的"沉淀"。茅台的生产酿造遵循自然时令规律，品牌的塑造成长同样需要经年累月。于茅台而言，高粱、小麦等酿造原料的生产成熟，需要"自然"的洗礼，九次蒸煮、八次发酵、七次取酒，五大工法、30 道工序、165 个工艺环节，需要"时间"的淬炼。五年轮、百次盘勾、自然醇化、香味聚合，需要"岁月"的沉淀。在发展历程中，茅台坚持用时间酿造美酒，用岁月沉淀品牌。茅台的时间表达，亦为岁月积淀的美学表达。

茅台品牌的背后，是匠人的"传承"。茅台品牌发展历史上，一代代对产品质量精益求精、追求极致的茅台酿酒大师、"茅台工匠"，还有许多始终与茅台风雨同舟、患难与共，缔结成"命运共同体、情感共同体、生命共同体"的茅台传承人，他们恪守质量信仰、弘扬工匠精神、传承优秀品格，都既是茅台品牌的塑造者、建设者，也是茅台品牌的维护者、传承者。茅台的人物表达，亦为匠人匠心的美学表达。

茅台品牌的背后，是科学的"密码"。茅台坚持从科学的角度来解析美的感观、美的感受和美的感知，解析茅台酒身上所蕴藏的生态密码、工艺密码、时间密码和微生物密码，用科学发现茅台酒的美，用科学阐述茅台酒的美。正是有了科学的支撑，才有了茅台酒始终如一的品质和"永不变味"的品格。茅台的科学表达，亦为传承创新的美学表达。

茅台品牌的背后，是文化的"滋养"，传承文化基因、赓续文化根魂，构建了以"人、文、物、艺、礼、节、和、史、器"九大系列为核心的茅台文化体系；以"福、家、喜、友、礼、十二生肖"等中华文化元素开发文化产品，每一款产品都有文化故事；以"二十四节气"为时间轴开展春分论坛、夏至战略研讨日、小暑茅台传承人大会等，每一个节气都有文化活动。茅台的文化表达，亦为故事文化的美学表达。

3. 科技创造美

茅台酒始终如一的高品质既来源于对传统酿酒工艺的继承，又得益于采用了科学的酿造方法。1956年，全国名酒会议召开，"完善和发展传统酿酒工艺"引起了广泛讨论。贵州省工业厅和贵州省工业技术研究所组成"恢复名酒质量工作组"，在茅台酒厂展开了两个阶段的调研，并采取一系列技术改进措施，对传统茅台酒酿造工艺做出了科学总结。

此次调研对茅台酒的制曲、制酒工艺进行总结。经过科学研究，茅台对酿酒过程中曲质和用量的把控、窖温的控制方式、新酒老熟方式等工序和技艺有了更加深刻的认识，并不断做出针对性改进。

1957年，在经过半年多的研究后，茅台酒厂将老酿酒师的宝贵经验提炼成科学性很强的《茅台酒传统工艺的14项操作要点》(简称《十四项操作要点》)，为规范生产流程奠定了坚实基础。在很长一段时间内，《十四项操作要点》指导着茅台酒的生产，规范化的工艺为茅台酒质量的稳定创造了条件。茅台人对科学酿造的追求永无止境。1979年，季克良发表《增产酱香酒的十条经验》，总结出茅台酒区别于其他名酒的十大工艺特点。在发展过程中，茅台先后引进了各类检测技术，如理化检测和酸、糖、水分检测等，并逐步编写和完善了茅台酒的作业指导书。茅台酒的整个生产流程基本按照作业指导书进行，在相当长的一段时间内保证了酒质的稳定。

为了更加科学地稳定质量，茅台持续引进科学方法论，如再次引进先进检测技术，逐步形成"数据＋经验"的判断体系。后来又在不断发展中，形成了"数据＋经验＋过程"的三维判断体系。这套体系通过建立模型，将发酵率、水分、乙醇含量等信息录入系统，可以模拟预测出下一个轮次的基酒产量，且预测误差控制在1千克以内。同时，该系统还可对生产过程中可能出现的问题提出预警。时至今日，茅台的三维判断体系仍在不断丰富、提升，成为当前茅台指导生产的重要体系，为茅台酒的高品质提供重要保障。

2022年，茅台发布70年主要的15项开创性成就，包括构建形成了五大酿造关键核心技术研究体系等，发现茅台酿造过程及环境中有1946种微生物，成立科学与技术研究院，提出要以科学传承美，以科技创新美，在美时代酿造高品质生活。同时，茅台上线"i茅台"数字营销APP，构建了S2B2C线上线下融合酒类销售模式，以"线上购酒，就近提货"的方式，实现了各渠道之间的协同和配合，不仅成为茅台的核心品宣平台，还积聚数据资产，作为中国传统白酒的"数字时代先锋"，探索完善数字营销生态，加深品牌护城河。

值得一提的是，2023年1月1日，茅台和网易合作推出的"巽风数字世界"上线。它依托虚拟现实研发基础，应用互动体验引擎、数字孪生等核心技术，以"茅酒之源"为原点，将其一草一木映射到虚拟世界，深度还原茅台酿造环境、挖掘茅台历史文化和工艺工法，打造属于茅台和用户的"平行世界"。

4. 品牌价值的叠加

品牌力是高端酒的核心竞争力之一。品牌价值是多重价值的综合呈现，美誉度离不开价值创造，品牌正是因为创造了丰富的价值，才获得了美誉。酒是人类文明发展至一定阶段的产物。一直以来，人们以酒解乏，以酒寄情，感知一杯酒最为本真的功能价值。随着时代不断发展，酒的含义愈加丰富。作为引领行业的先锋，茅台做到了功能价值、情感价值、收藏价值、资本价值和时间价值的叠加释放。

从古至今，酒都具有一种独特的魅力。它承载着情感连接、社交往来，甚至具有文化传播功能。不过，撇开酒的附加含义，回归其最为本质的功能价值，酒的作用简单而直接：解乏、解忧。茅台酒自然具备这样的特性。酱香醇厚，一杯入喉，柔和细腻，让人回味悠长。不口干、不上头、不烧心，这是消费者对茅台酒产品本身的普遍评价。

酒在人类情感表达中始终占有重要地位，是人与人之间情感连接的重要载体之一。古人云："酒，始于智者，后世循之。以之成礼，以之养老，以之成欢。"对于中国人而言，喝酒从来不仅仅局限于好喝，更在于情感的释放。中国人在欢乐时喝酒，忧愁时喝酒，相聚时喝酒，离别时也喝酒。可以说，酒已成了中国人骨子里的另一种"血液"。

作为中国传统文化的一种载体，酒与社交、文化等都有紧密的关联。而茅台酒，作为中国酒文化的典型代表，亦是中国人情感表达的重要载体之一。茅台的价值构成并不只是酒，更是在功能价值外，融合了人的多层情感价值。茅台酒不仅是一瓶酒，更是一种情感表达的好物，其深厚的文化底蕴和人文价值，使之成为人们社交的最佳载体，它总是出现在人生的重要时刻，这就是茅台酒带给用户的不可替代的情感价值。在更高的精神层面上，茅台获得了消费者的认可，由此有了更鲜明的品牌烙印。

除了"小我"的亲情、爱情、友情，中观层面的故土情，茅台文化还连接了宏大的家国情怀。在茅台文化中，有一种独有的价值内涵，即红色文化。诞生于特殊时代、在国家引导下成长的茅台酒，具有家国层面的情感价值。历史的不可复制性，让茅台酒的红色文化变得不可复制。这些红色的历史记忆，赋予了茅台酒不可替代的内涵，是茅台宏大情感价值的根本。家国的情感价值，是茅台品牌重要的护城河，让茅台品牌和其他名白酒间有了一条明显的分隔线。茅台美誉度的形成，离不开茅台酒中蕴含的家国情结。

2001 年 7 月，贵州茅台股票在上海证券交易所成功发行。次月 27 日，贵州茅台在上海证券交易所正式上市。当日发行价为 31.39 元，开盘价为 34.51 元，收盘价为 35.55 元。自此，茅台开启了逐鹿资本市场的历史篇章。在资本市场上，股价第一、市值第一成为茅台极具象征意义的符号。总体来看，二十年资本市场路，茅台曾因宏观经济与行业深度调整等因素，经受过几番动荡，但最终茅台凭借强大定力走出了一条稳健发展的道路。在中国资本市场上，贵州茅台一骑绝尘的表现，铸就了其品牌深厚且稳固的价值含义。

收藏属性，是茅台酒的另一种价值体现。茅台酒天然带有的稀缺性，及其带来的长期升值潜力，让茅台酒有着巨大的收藏价值，更让茅台酒的"收藏热"持续升温。值得一提的是，茅台酒收藏价值的背后，有一个关键概念——酒是陈的香。经过贮存的茅台酒，放得越久，其味道越醇厚。这是收藏的重要前提和保证。从这一角度而言，产品的特质决定了收藏的价值。茅台酒一年一个生产周期，耗时长久且产能有限，还需要经年累月地贮存。15.03 平方公里的生产范围，虽然限定了其产能扩张的步伐，但也提升了茅台酒的产品价值、收藏价值。在价值持续提升的过程中，茅台的美誉度亦在不断升华。

第三节　文化九字诀诠释酒文化极致

中国酒之所以经沧桑巨变而不衰，并在当今世界酒林独领风骚，最深层次的原因，在于它已经在数千年的劳动创造中，潜移默化并逐步积淀升华成精神范畴的"酒文化"，已然成为中华文化宝库中一颗璀璨的明珠。

酒之形态万千、色泽纷呈，品之给人以美的享受，或缠绵如梦萦，或柔情似流水，或超脱以旷达，寄托着人的喜怒与哀思。纵观灿若星辰的中国酒文化，无数英雄豪杰、文人学士在饮酒时挥毫泼墨，留下千古绝唱，有曹孟德"何以解忧，唯有杜康"的慷慨激昂，有刘伶"兀然而醉，豁尔而醒"的狂放不羁，有陶渊明"举杯邀孤影，熏熏独徘徊"的超然物外，更有李白

"俱怀逸兴壮思飞，欲上青天揽明月"的壮志豪情。

　　酒文化的表现形式多种多样，在诗词与书法艺术方面，魏晋时期王羲之的《兰亭集序》当属典范。永和九年，暮春之初，山阴兰亭举行了一次声势浩大的文人雅集，行"修禊"之礼，曲水流觞，饮酒赋诗。那日，王羲之为宴乐诗文作序，在一张蚕茧纸上写下了《兰亭集序》。自《兰亭集序》以降，这份一蹴而就的手稿，让诸多书家通过对它的不断临摹，才在书法史上留名。据记载，李世民对《兰亭集序》可谓如痴如醉，将其捧为"千古一帖"。

　　作为璀璨的文化瑰宝，《兰亭集序》见证的是"酒"与"艺"的互促共融，酒促进了文化繁荣，文化成为酒发展的重要辅证。在《兰亭集序》中，可以窥见王羲之在酒酣时"仰观宇宙之大，俯察品类之盛"，一觞一咏间，感怀"死生"之道。这就是文化造就的极致——蕴含着真理的智慧，而又贴近生活本身，始终是极新鲜、极明朗、极健康、极有力的作品。

　　翻阅中国酒典，不管是从物质层面，或是精神层面来考据，茅台酒或可以称为"酒中《兰亭集序》"。如今，茅台酒已经成为中国酒文化的代表性符号，蕴藏着中国农耕文明的智慧，更是世界了解中国的窗口。从濮人酿酒的起源到汉武帝"甘美之"的赞誉，从"秦商聚茅台"的胜景到"智掷酒瓶夺金奖"的"出海"，从"见证红军三渡赤水"的史诗到"助力新中国外交破冰"的辉煌，具象的茅台酒已经升华为抽象的茅台文化，糅合成精彩绝伦的故事，在极大丰富酒文化内涵的同时，也将中国酒文化的韵味展现得淋漓尽致。

　　正因如此，在渐进的发展过程中，茅台文化的内涵及外延不断扩展，从自发到自觉，从原生化到体系化，更深层次的价值被不断赋予，更独特的文化内涵也被逐渐挖掘，最终塑造成为既传承传统又蕴含现代生机的中国酒文化的一种独特表达体系，汇聚、熔铸成了极具辨识度的"酒文化极致"。具体来讲，可从"人、文、物、艺、礼、节、和、史、器"九大要素，解析茅台文化之美。

一、人：坚守之美

茅台的历史，就是一部茅台人的奋斗史。从奠基立业到改革兴业，从转型大业到高质强业，茅台人的坚守与传承贯穿了企业发展始终，成为茅台始终屹立于行业潮头的根基所在。

"匠人"是茅台作为典型的传统酿造企业，最为核心的组成部分，他们秉承勤劳、勇敢、智慧的本质，怀着"干一行，爱一行，专一行，精一行"的信仰，把一生毫无保留地奉献给了茅台，这种坚守与传承，便是茅台文化薪火相传的开始。茅台工匠的身上，不仅能够让人窥见茅台精益求精、崇本尚道的优秀品质，也折射出茅台人与时俱进、拼搏奋进的智慧与魄力。

在茅台的历史上，"匠人"的传奇故事不胜枚举：

生于清末、长于民国的郑义兴，在成义、荣和、恒兴烧坊担任过酒师，1953 年进入刚成立不久的地方国营贵州茅台酒厂。为制定统一的工艺规程，茅台酒厂号召老工人、老酒师献计献策，总结经验，寻找规律，郑义兴首先摒弃糟粕陈规，响应号召，提出恢复老操作工艺；他不仅将其五代家传技术、三十余年积累的宝贵经验口述记录，还动员其他酒师放下思想包袱，传授技术，为茅台酒厂征集到了较详细的生产资料，初步制定出了茅台酒厂统一的操作流程和酿造流程，为茅台酒酿造工艺发展奠定了坚实基础。从进入茅台酒厂起，郑义兴就围绕茅台酒的质量近乎耗尽后半生的所有心血，年迈后仍不忘在工厂投料下沙时，挂着拐杖下车间，逐班、逐甑、逐个堆子检查工艺质量，指导生产，可谓把敬业、专注、精益求精发挥到了极致。

李兴发继承了郑义兴的衣钵，青出于蓝而胜于蓝，总结归纳出茅台酒的三种典型酒体——酱香、窖底香、醇甜。在 1964 年 10 月至 1966 年 4 月国家轻工业部指派的"两期试点"中，科研小组采用纸上和薄层色谱法，初步监测茅台酒的微量成分，通过气相色谱检测，证实了三种典型体在成分上有明显区别，也印证了李兴发区分三种典型体的合理性和科学性。此后，李兴发与科研小组按不同的比例，采用任意、随杯、淘汰等方法进行了数百次以上的勾兑，终于摸索出一定的勾兑规律，能持续、稳定勾兑出酱香突出、幽雅细腻、酒体醇厚、回味悠长、空杯留香持久、风格独特、酒质完美的茅台酒，李兴发把它命名为"酱香型酒"。三种典型酒体的确立与酱香型酒的命名，成为茅台酒历史上的重要里程碑。

与郑义兴、李兴发同一时期的还有全国劳模、酿造工程师王绍彬。在经年累月的实践中，王绍彬总结出的"以酒养糟"的酿酒经验延传至今。在茅台酒厂，王绍彬一边收徒培养技术骨干，一边致力于恪守传统酿造工艺，维护茅台酒品质。历史上，由于气候等客观因素影响，有关部门下达的水分标准不准确，导致茅台酒产量连续下降。针对厂里提出增加产量的救急措施，王绍彬慷慨直言："改变操作规程，这不行，重产量不重质量，这样指挥生产，我不干，领导要我干，我是党员，要服从组织，不过请厅里和厂里直接给我下文。"说归说，王绍彬积极主动带领职工查原因、找问题，最终使茅台酒质量稳步上升。

在今天的茅台中国酒文化城，每一位参观者都能见到伫立在路旁的郑义兴、李兴发、王绍彬三人雕像，在茅台历史上作出重要功绩的他们，已经成为茅台人心中最崇敬的人。他们身上的工匠精神刻在了每一个茅台人的骨子里，在一代代的坚守传承中，历久弥新。

茅台发展史上还有一位为人钦佩的酿造大师——季克良。1964年9月，年仅25岁的季克良从无锡轻工学院食品工程系发酵专业毕业后，跨越了2000里的距离从江苏南通到达茅台酒厂，从一名普通技术员到一把手，他在茅台工作的时间超过了半个世纪，把大半人生交付给茅台，成为茅台发展史上一个里程碑式的人物。

1965年，在四川泸州召开的全国第一届名酒技术协作会上，季克良的《我们是如何勾兑酒的》技术论文，首次在白酒行业提出"香型"的概念，在行业内引起巨大轰动，神秘而传统的"茅台"工艺第一次走到了理论层面，揭开了让人们知晓茅台酒的神秘面纱。后来，季克良又提出了提高茅台酒质量的九条经验，相继发表《提高酱香型酒质量的十条措施》《茅台酒传统工艺

酿酒大师季克良

的总结》《贵州茅台酒传统工艺标准》等相关论文著作，从科学理论的角度，进一步揭示了茅台酒传统工艺的奥秘。

发酵专业出身的季克良，通过不断地学习思考与总结，在技术层面弥补了茅台的酿造工艺的不稳定。他亲自制定了茅台酒的制曲操作规程、勾兑操作规程、包装操作规程，并建立了相应的检验制度，极大地提高了对茅台酒质量的把控和规范化生产，填补了酱香酒标准的空白，也使茅台酒得以真正定型。季克良始终坚持茅台酒规范化、科学化的酱香工艺生产流程，不仅守住了茅台独特的文化和工艺，也推动了中国白酒业生产发展和质量的提高。在质量管理上，季克良提出的"四服从"，即产量服从质量、速度服从质量、效益服从质量、工作量服从质量，成为茅台一直坚持的"铁律"。质量，也成为茅台酒几十年如一日的根本保障。

季克良亲身经历了茅台产量从几十吨到 3 万吨的全过程，在他的带领下，茅台一步步走上"飞天"之路，从一家手工作坊式的小工厂，一路发展成国内首屈一指的白酒企业，年营业收入从 1998 年的 6.28 亿元做到了 2011 年 184.02 亿元。如今，虽已是耄耋之年，季克良仍自愿加入茅台工艺技术攻关小组，成为正式返聘的专业技术人员之一，为茅台酒的酿造继续贡献智慧。如果说茅台酒代表了中国酒文化的极致，那么向上探寻、不改心性、心怀感恩的季克良功不可没。

以郑义兴、李兴发、王绍彬、季克良为代表的老一辈奋斗者仅是茅台人群体的侧写，他们背后有千千万万个与他们一样的人，用一生来传承茅台工艺，践行茅台精神，构筑茅台的生命线。季克良曾说，"是茅台养育了我，我的一生都属于茅台"，这句质朴感人的心声可适用于每一个茅台人。为什么茅台人能找到归属感，并为茅台源源不断地贡献力量？或许，要回答这个问题，就得先厘清茅台的人才培养脉络。

茅台是传统型的酿造企业，成立之初延续了旧时烧房的人才培养机制——师徒制。师徒传承是茅台酒酿造人才培养的主要渠道。相比其他技艺传承，"师徒制"是最高效的一种做法，酒里蕴藏着千变万化，更需要依靠

"师带徒"的方式进行有效传承。据茅台酒厂存档的第一份"师徒合同"记载，在1955年6月1日，老师郑军科与徒弟彭朝亮签订师徒关系，合同上写明，"老师所有一切酿茅台酒技术绝不保留，保证徒弟学懂学会学精学深，能单独操作并爱护徒弟"。这份合同成为茅台早期生产质量处于经验管理阶段的见证，在技术培训尚未建立的1950年代，"口口相授""手手相传"是培训匠人的重要方式。

围绕"师徒制"，茅台顺应时代，出台了《茅台集团党委关于加快推进人才体系和创新高地建设的意见》《茅台集团关于建设科技创新人才高地的实施方案》，构建了一个符合茅台发展的人才培育体系。具体来说，茅台实施了五个人才体系计划——领军人才"首席计划"、酿造人才"传承计划"、青年人才"杰青计划"、经管人才"培优计划"、退休人才"返聘计划"。这五个计划的实施，不光让年轻人有希望，也让老一辈茅台人赶上了幸福的快车。

科学的人才培育体系，激活了茅台人，从匠人到大师再到首席，可谓是茅台人的梦想与荣光。他们默默坚守在岗位上，弘扬老一辈的奋斗传统，制曲、制酒、品评、勾兑、包装……不同的岗位，同样的精神，爱岗敬业、争创一流、艰苦奋斗、勇于创新、甘于奉献。据不完全统计，茅台现已拥有7名中国酿酒大师、2名中国白酒大师、5名中国首席白酒品酒师、2名中国白酒工艺大师、2名中国评酒大师、33名国家级白酒评委。

行至中流，面对科创新目标，茅台已将人才与项目、平台和政策作为实施的四条路径，并建立科学的人才培养体系及发展梯队，把践行"质量是生命之魂"的理念，深深镌刻在茅台工匠的心中。

二、文：诗韵之美

在中国文艺史上，无数的祭享祀颂、公宴祖钱、欢会酬酢，产生了无数吟联唱和、歌咏抒情。正是"酒必有诗，诗必有酒"的物质精神生活，才造就了"中国的诗是酒的诗，中国的文学是酒的文学"这一独特的文化现象。漫步于中华文学艺术殿堂，与酒文化相关的经典作品，从《诗经》的《宾之初筵》(《小雅》)、《瓠叶》(《小雅》)、《荡》(《大雅》),有《驳》(《鲁颂》)之章,到《楚辞》的"奠桂酒兮椒浆"(《东皇太一》),《短歌行》的"何以解忧?唯有杜康";从《文选》《全唐诗》到《酒词》《酒颂》……页页散发着浓郁酒香,字字闪烁着民族精神,始终闪耀着独特光芒。

茅台酒历史悠久,可追溯至濮人酿酒时代,曾被汉武帝大赞为"甘美之",当代著名作家王蒙在《文人与酒》中道尽中国名酒的特点,并写道:"有酒方能意识流,人间天上任遨游,神州大地多琼浆,大块文章乐未休。自古文人爱美酒,酒中自有诗千首。文万言,诗千首,且从茅台唱起头……"

《史记·西南夷列传》记载,"独蜀出枸酱,多持窃出市夜郎",这是茅台酒溯源的重要线索;《仁怀县草志》记载,"茅台酒,城西茅台村制酒为全黔第一",这是茅台酒在当时高度繁荣的历史见证;《黔语》记载,"滨河土人善酿,名'茅台春'极清冽……",道出的是茅台人极善于酿酒,及茅台酒的"轻、甘、香、冽"。史志或地方志的记载,为茅台酒正本溯源留下佐证;真正让茅台酒成为中华民族宝贵遗产的却是历代文人墨客留下的不朽篇章。

道光二十三年(1843),诗人郑珍由遵义赴仁怀访问遵义知府平翰。其间途经茅台镇,郑珍看到茅台依山傍水,草木丰茂,不禁感叹此乃酿酒的风水宝地。当地人告诉郑珍,茅台酿酒"采天然之气,取地下之灵,人得其洁,窖得其老,火得其缓,除此别无其他",听闻此言,郑珍十分钦佩茅台人的智慧,赞美其酿造技术之高明,并在《遵义府志》写道:"仁怀城西茅台村制酒,黔省称第一。"

在茅台镇期间,郑珍曾以手中笔为人解难。[6] 某日晚上,睡梦中的郑珍被阵阵钟声和铜鼓声惊醒,隐隐还能听到店主老翁的哭声,他披衣起床细问缘由。原来,店主是新近搬迁来的外来户,借了当地王姓财主五十两银子,又租了他的铺面开店,酒店生意萧条,店主拿不出银子,王姓财主派人不断逼他搬走,一家人正为此事啼哭。郑珍听了顿起恻隐之心,要来纸笔,挥笔写下了一副对联。店家一看落款,便知道他就是郑珍,心中大喜,忙将对联贴在门前。正在此时,郑珍吟茅台的诗已在心中酝酿成熟,跃然于笔端,就是他后来写下的《茅台村》诗：

> 远游临郡裔，古聚缀坡陀。
>
> 酒冠黔人国，盐登赤虺河。
>
> 迎秋巴雨暗，对岸蜀山多。
>
> 上水无舟到，羁愁两日过。

《茅台村》意境辽阔，为世人精细描绘出了一幅茅台画卷，点睛之笔"酒冠黔人国"，更是洋洋洒洒，将茅台的酒拔到新的高度。随着《茅台村》的流传，茅台镇也随之声名远播，成为文人墨客心中供奉酒神的地方。当茅台美酒犹如奔流不息的赤水河涓滴不剩地涌入他们胃中，一首首精美、典雅的诗把茅台美酒营造的精神高地呈现给一代又一代的人。

"茅台村酒合江柑，小阁疏帘兴易酣"（清·陈熙晋《之溪棹歌》）、"颇闻酿法出茅台，千山万岭焉得来"（清·吴振棫）、"茅台香酿酽如油，三五呼朋买小舟"（清·卢郁芷）、"于今酒好在茅台，滇黔川湘客到来"（清·张国华）、"几度药言非玉屑，十千茅酒负金罍"（清·刘璜）等诗句不仅道出了诗人对茅台酒的喜爱，而且从中亦能窥见茅台酒的香醇、质美跃然纸上，甚至分不清孰是酒、孰是诗，浑然天成，紧密相融。在现当代诗人、作家、社会人士心中，茅台酒仍是心头最爱。"茅台芳醇擎在手，先人遗家待归䣓"（刘海粟）、"梦想长篇完稿时，至交欢会醉茅台"（姚雪垠）、"茅台一杯酱香酒，登上长城还觉鲜"（陈靖）、"一饮茅台入仙境，四渡赤水话长征"（贺敬之）、"茅台酒醉诗千里，抱瓮何妨待满池"（柳倩）、"送君一河茅台水，多大巴蜀咏佳章"（张克）、"今日饮了茅台酒，但愿句句能品味"（叶迪）、"稷麦酿酒特殊香，中外驰名酒中王"（熊子书）、"茅台美酒酌金杯，举国全球盛誉开"（伍振权）、"醒来日上三竿，方知茅台味重"（流沙河）……洞察古今，酒魂孕育诗史，诗史弘扬了酒魂，天人合一，相融相生。

著名教育家黄炎培提笔写下《茅台诗》："喧传有客过茅台，酿酒池中洗脚来。是假是真我不管，天寒且饮两三杯。"新中国成立后，黄炎培北上途经南京，时任上海市市长的陈毅特意邀请黄炎培到上海家中做客，借酒叙情。在茅台酒的催化下，陈毅在提起黄炎培的《茅台诗》时，触景生情，当即口占《金陵重逢饮茅台》二首。

其一：金陵重逢饮茅台，万里长征洗脚来。深谢诗章传韵事，雪压江南饮一杯。

其二：金陵重逢饮茅台，为有嘉宾冒雪来。服务人民数十载，共祝胜利干一杯。

在老革命家的口述史、自传、诗词中，茅台酒无处不在，仿佛这源于神奇宝地茅台镇的美酒，既是一剂良方，又是中国革命转折的特殊符号。诸如"多缘战士忘生死，赢得酒香溢五洲""解除警报敬一杯，品尝茅台香味""茅酒护送伤员，有利达到延安"等名句，或豪情，或壮怀，表达了老一辈革命家们对茅台酒的赞美。

茅台酒与中外名人的故事也在许多中外文学及民间文学作品里广泛传播，在时光长河中，茅台是酒文化的集大成者，通过冠名"人民文学奖"、巴金文学院"茅台文学奖"、《诗刊》、《星星》等国内重大文学奖项及名刊，编辑出版《茅台——光荣与梦想》《这就是茅台》等文化丛书，全力支持着文学事业的繁荣。

茅台酒常被诗人、作家、艺术家比作"母亲酒""东方第一壶"[7]，其蕴含的文学价值、文化价值不亚于其所创造的经济价值。因而，茅台酒既是艺术家创作灵感的源泉，也是艺术家歌颂的对象，多部以茅台为元素的歌舞诗、电影、电视剧、纪录片，为我们展现了茅台的博大与磅礴。

歌舞诗《天香》是为纪念茅台荣获巴拿马金奖一百周年量身定制的舞台剧目，是第一部反映中国酿酒文化的艺术精品，剧目运用多媒体等艺术手段，将赤水河流域——中国神秘酿酒地区独一无二的自然生态、得天独厚的气候环境、神秘而顺乎自然的酿造过程在舞台上呈现；《国酒颂》通过歌曲、舞蹈、配乐诗朗诵、快板、京剧、二人转等艺术形式，展现茅台的成长与奋斗历程；电影《国酒》将茅台的兴衰与危急时局结合，翔实讲述了茅台酒生产的真实历史，通过家族斗争折射出时代的历史风云，既讲酒道，又讲人道，更讲革命之道；《赤水河国酿》将贵州的风土人情、酿酒的艰辛历程到发展成功的蜕变以及一代儿女的爱恨情仇、兄弟间的仁义仁德等丰富展现，为观众奉上了一场五味俱全的视觉盛宴；纪录片《茅台之韵》《百年茅台》《茅台传奇》，微电影《茅台里的中国故事》等一系列的影视作品，借用华美的舞姿、瑰丽的影像、艺术的语言，阐述着以茅台为代表的中国酒文化底蕴……据统计，自 2004 年以来，茅台直接或间接参与制作的音像类作品有 117 部（首），为人们直观了解茅台提供了多种形式。

花前一瓶酒，静待好酒人。茅台的文化理念深深植根进历来的广告宣传中，在商业"大观园"中构成了一道亮丽的风景线。50 年代末，一幅画面简约的"飞天"牌茅台酒厂广告的出现，吸引了大众眼球；1987 年，一则与中国历史上工细灵动的长卷画《韩熙载夜宴图》相结合的茅台酒广告荣获了中国出口广告一等奖；从"国酒茅台·玉液之冠"，到"中国茅台·香飘世界"；从黑白到彩色，从无声到有声，无数在电视、报纸、杂志、日历上闪现的茅台广告画面在国内外都留下了令人难忘的高光时刻，也让茅台的品牌文化愈加深入人心。

酒作为液体稍纵即逝，但佳酿孕育的诗韵与文意，将随着时光的流逝，变成一代又一代人关于酒的文化记忆；茅台作为酒文化的代表，势必会为中国酒文化注入新的血液，丰富和扩展中国酒文化的维度。

三、物：厚重之美

茅台酒在壮阔的历史演进过程中，形成了丰富多彩的物质文化遗产和历史物证，它们不仅是时代发展的见证，还成为茅台酒商业品牌和文化品格的精神支点。

沿着时间脉络追根溯源，是濮人这个商周时期就出现的族群，创造了茅台数千年前的重要文化遗产。濮人在后街立杆筑台祭祖，土台上长满茅草，在茅草台上祭祀祖先，对祖先开疆拓土表达崇敬之情。由此，才出现了"茅草台"这一名称，后简称为"茅台"。

位于茅台镇杨叉街的"茅台酒酿酒工业遗产群"，由清同治元年（1862）、光绪五年（1879）、民国十八年（1929）先后建成的"成义烧坊""荣和烧坊""衡昌烧坊"组成的"茅酒之源"，以及1951年人民政府统一接管后的"仁怀国营茅台酒厂"时期不断扩建的各类代表性酿酒厂房等基础设施10处文物点构成。遗产群占地20余亩，内含踩曲房、石磨房、酒库等一整套完备的酿酒工业体系，至今整体保存完好，具有极高的历史文化价值和传统酿造工艺的科学研究价值。2013年3月，国务院公布"茅台酒酿酒工业遗产群"为全国重点文物保护单位。

从1951年到现在，茅台酒的商标经历了多次演变。从"工农"到"金轮"，从"五星"到"飞天"，从"飞天"到"葵花"，再到"飞天"，见证了时代的变迁和发展。日本"乒坛国手"松崎君代千里护送回来的茅台老酒，静静躺在玻璃罐里的毛主席高丽参茅台酒……斑驳的商标，略显笨拙的瓶身，散发着凝重的光泽，它们定格了时间，成为历史的见证者。2016年，以"荣和"烧坊商标为代表的15件重要物件分别被认定为国家一级、二级、三级文物。

在茅台的档案馆中，还存放着60余枚珍贵的老印章，这些印章大小不一，形状各异，有的已出现裂痕，有的图案已模糊不清，它们承载着茅台不同发展时期的历史记忆。

在茅台镇坐落着一座"城"——茅台中国酒文化城，1993—1997年建成并对外开放，占地3万余平方米，建筑面积1万余平方米，是茅台向外界传递酒文化的重要基地。这里陈列着3200余件书法家、画家及社会人士为茅台创作的相关作品，较为完整地呈现了茅台文化脉络。"中国酒源馆"陈列着"猿猴造酒""天君赏美酒""酒星造酒""黄帝造酒""杜康造酒""仪狄造酒"

等绘画作品，将中国白酒起源生动地勾描出来，映衬出白酒悠远的历史；"酒韵馆"中，"杨晓阳题跋""诗韵茅台（何二民）""佩刀质酒（何军委）""以酒忘忧（乔玉川）""汉书下酒（乔玉川）""杯酒释兵权（蔡超）""香山九老（乔玉川）""朝中善酿（蔡超）""王羲之'醉书兰亭帖'（苗再新）""司马文君'当垆卖酒'（李宏钧）""'高阳酒徒'郦食其（张江舟）""刀光剑影（李宏钧）""中国酒韵（刘大为）"等书画艺术作品，妙笔生花，讲述了不一样的酒故事；"名酒馆4楼·珍宝厅"中，陈列着"茅台酒厂志，酒国独尊大，香飘寰宇长（孔令仁）""茅台博物馆，当年渡赤水，人民热血沸，醇酒劳红军，鱼水情意贵（一九九〇年四月 张爱萍）""中国贵州茅台酒厂获巴拿马万国博览会国际金奖七十周年纪念（许麟庐）"等珍贵的书法作品；"世界名酒馆·珍宝厅"中，陈列着"酒香飘万里（爱新觉罗·溥杰）""茅台酒是当今我国白酒之冠，但愿进一步改进技术工艺，提高产品质量，扩大宣传，开拓国内外市场，为国家多作贡献。（田纪云）""玉液嘉珍夺金牌，飘香万国招远来；时人不酌丹桂酒，太白遗风在茅台（1985年，畅游茅台村，贾若瑜作诗，黄颖书）""香风溢金盏，佳酿重茅台（启功）"……这些藏品让浸润诗意的茅台醇香直抵胸怀。

茅台中国酒文化城全方位地反映了酒与政治、经济、军事、艺术等各个领域的密切关系，并且在展示中国酒类生产的发展沿革、工艺演进的过程中，使人感受到史志文献的庄重：酒法酒规的严肃、诗酒文学的生动、技术指标的严谨等多姿多彩的酒文化风采。虽然它不是国内修建最早的酒文化博物馆，却是中国最大的酒文化博物馆，也是讲述中国酒文化最早的博物馆，成为茅台酒连接中华酒文化的纽带。

无论是矗立于酒都仁怀南大门和茅台机场的"天下第一瓶"，还是茅台酒核心酿造区域"公园式企业"的打造，茅台多彩的文化遗产、历史物证、人文景观，是茅台酒及其文化的实物载体，见证着茅台酒由寂寂无名到享誉世界，更是我国民族工业艰难前行、不断发展壮大并创造辉煌的历史见证。

作为直接连接消费者的载体，茅台酒专卖店集品牌展示、文化体验、粉丝聚会等多功能于一体，顺应发展需求，以"传统与现代，经典与流行，国潮与简约"相结合，数次换代升级，目前全国三代专卖店装修验收通过近1300家。第三代茅台专卖店是茅台深刻践行"美时代·美生活"，全面展现"美哲学·美未来"的一次重大尝试，以"酿造美好生活"与世界分享一杯传世美酒重塑专卖店市场价值，通过内外兼修，第三代茅台专卖店成为最具影响力的文化传播载体，让消费者身临其境，将"茅台文化+"体现得淋漓尽致。

而以现代科技和传统文化相互融合的文化道馆——茅台文化体验馆，是搭建茅台与消费者文化沟通的桥梁，是进一步体现茅台品位、彰显茅台魅力、弘扬茅台文化、推动茅台文化与社会共享的重要载体。截至2023年3月，10家茅台文化体验馆已完成验收，另有63家体验馆正在陆续建设当中。

茅台在历史进程中留下的物质文化，正在成为传播茅台文化的重要载体，更是"茅台文化"遍布全国的体验基地和平台。

四、艺：技艺之美

茅台酒的酿造工艺自汉代到现在，已积淀、发展了两千多年，一代又一代茅台酿造者在日复一日的实践中，创造了独属于茅台的酿造智慧。这智慧，孕育于成千上万次的酿酒总结，它顺应春夏秋冬的自然交替节律，并得到了不断的归纳、创新、提升。茅台人所创造的一整套在中国乃至世界酒业生产中，独一无二的充分体现天、地、人和谐统一精髓的特殊酿造工艺，将原始、古老的传统工艺与现代科技完美融合于一体，既有传统的光芒，又有科学的理性，堪称独特的传统智慧和当代酿造工艺科学完美结合的典范。

据《续遵义府志》记载："茅台酒，前志：出仁怀县西茅台村，黔省称第一。《近泉居杂录》记载茅台烧酒制法，纯高粱作沙煮熟和小麦面三分，纳粮地窖中，经月而出蒸烤之，既烤而复酿，必须数回然成。初曰生沙，三四轮曰燧沙，六七轮曰大回沙，以次概曰小回沙，终乃得酒可饮，品之醇、气之香，乃百经自具，非假曲与香料而成，造法不易，他处难以仿制，故独以茅台称也。"从这段文献中，不难发现茅台酒酿法的特点，这是茅台酒工艺区别于中国其他名白酒工艺的地方，也是茅台酒工艺的巧妙之作。

茅台酒生产过程将五谷之精华与四季之灵韵浑然融合为一体，完全是"清水出芙蓉，天然去雕饰"的生产方式，完全是与赤水河自然变化相吻合的季节性生产。放眼世界，这样的生产方式是同为蒸馏酒的法国白兰地、英国威士忌、俄国伏特加、荷兰金酒、中美洲朗姆酒，都无法达到的。

酒业界名言"生香靠发酵、提香靠蒸馏、成形靠勾兑"。勾兑是茅台酒独特工艺中的点睛之笔，勾兑师须有异常敏感的视觉、嗅觉、味觉、审美及心灵感应，来掌握和体现一系列微妙的"动态体系"。茅台陈酿到期后，将不同轮次、不同酒精浓度、不同典型体、不同酒龄的茅台酒基酒进行调配融会，取长补短，使其达到色、香、味俱佳的效果，达到更加协调、平衡、和谐的程度。茅台酒的勾兑绝不添加任何外来物质，包括水。基酒在于陶坛历时三年以上的贮存，使酒体变得更加醇厚柔和。勾兑智慧配比的背后蕴藏中华文化的民族智慧，是无形的平衡与阴阳的中和，最终呈现出茅台酒的复合之美、融合之美、全面之美。

对于茅台酒而言，人具有不可替代性。茅台酒传统工艺的核心价值在于人的情感和温度。人工踩曲、人工上甑、人工勾兑，人与人之间每一个细微的差异，所带来的正是茅台风味的丰富，同时也正好弥补了工业流水线对于商品个性的抹杀，沉淀出茅台酒弥足珍贵的工艺价值。

无数茅台人在经验的积累和岁月的摸爬滚打中，练就了炉火纯青的感知绝技。闻味道、听声音判断发酵情况，用手搓酒醅确认水分多少，用脚踢酒糟感受温度，得出的结论几乎没有差错。感官就是他们最灵敏的仪器，他们在创造酿造环境时，把人的五官感受发挥到了极致。

1996年，"茅台酒工艺"被确定为国家机密。2001年，茅台酒成为行业内首个获得国家原产地域保护认证的产品。2006年，"茅台酒酿制技艺"入选首批国家级非物质文化遗产名录。

五、礼：修为之美

中国素有"礼仪之邦"的美誉，"仁、义、礼、智、信"构成了中国人最为核心的礼仪文化体系；酒礼作为中国文化中的瑰宝，不仅历史悠久、文化内涵丰富，而且体现着中华民族的亲和力和感召力。

《酒经》云，"天之命民，作酒唯祀"。古时，人与天、地、祖先沟通的主要礼仪——祭祀，酒是"天之美禄"，是最好的祭品，唯有它才配敬献神灵祖先。源于此，祭祀用酒均十分讲究。《诗经·小雅·信南山》记载，"祭以清酒，从以骍牡，享于祖考"，足以说明祭祀用酒之敬重。晋代江统《酒诰》称"酒之所兴，肇自上皇"，上皇即炎帝，茅台酒曾两次被指定为炎帝陵祭祖大典特约祭祀供酒。[8]

典礼是最好的彰显文化的方式，也是最好的文化传承。茅台的"端午大典""重阳酒节"，继承祭祀文化的精髓，已成为独具茅台特色的中国白酒行业年度盛典，茅台人用庄重的仪式感强化品质、礼敬工匠、涵养文化力。

端午祭麦，古已有之。古时的技术条件落后，人们对微生物尚未形成概念，认为粮食能酿成酒，全仰仗神灵助力。为了表达对神灵的感恩与敬畏，人们就在端午节进行祭祀活动，以表达对大自然的热爱与敬畏。久而久之，"端午祭麦"就成了酿酒者的传统习俗，代代相传，薪火赓续。2022 年和2023 年，"以麦相承、爱国敬业"端午大典，既是茅台感恩自然恩赐、传承古法工艺、精酿琼浆玉液、祈愿国泰民安的独特表达方式，又是茅台以节载道、以节承志，是对"麦熟民丰"立国之本的恪守，对"非遗文化"耀国之粹的传承，更是对"奉贤敬酒"报国之礼的弘扬。

每年农历九月九日，"重阳酒节"典礼上，祭祀主台朴素庄重，祖师图像伫立正中，"传承祖师风范、光大茅台伟业"巨幅对联分列祭祀台两侧，大鼓环绕，酒旗猎猎，号角硕长，威武雄壮。大典司仪诵读《茅台赋》，随后宣布祭祀大典开始，迎宾，现场钟鼓齐鸣，雅乐高奏，伴随《茅台迎祭曲》，参祭队伍虔诚地走向祭祀台，会场一片庄严肃穆。

茅台祭酒大典采用源自《礼记》的三献礼，这是汉人历来祭祀的典礼，其历史悠久，影响深远。在中国传统的吉礼、凶礼、宾礼、军礼、嘉礼等"五礼"中，均以"三献"进行祭祀。茅台祭酒三献礼分为初献、亚献和终献三个环节。初献：虔诚地向历代祖师宗师献帛、献爵、上香。亚献：敬献陈年贵州茅台酒。终献：献高粱、小麦、净水。茅台端午祭麦大典则采用"三敬香"仪式，分为持香敬天、持香敬地、持香敬水。茅台祭祀典礼体现着儒与道、古与今的整合与流变。

随着礼乐文化的确立与巩固，酒文化中"礼"的色彩也愈来愈浓。在社会经济高度发展的今天，现代酒礼在吸取传统酒礼民主性精华的基础之上，不断与时俱进，开拓创新，充实和完善了新的时代内容，形成了科学、文明、健康的新酒礼。茅台酒作为"酒礼"的载体，见证人生重要时刻、维系情感、表达热情与善意的最高规格。从庙堂之高到江湖之远，从国事典礼到家宴朋聚，庄重的、喜庆的时刻，有了茅台酒就有了"礼"与"敬"、"尊"与"贵"，就有了情意深长和喜庆欢乐。

近年来，茅台酒也充分发挥引领作用，紧紧依托中国传统文化、贵州本土文化和茅台文化，积极复刻古代最全面、最完备的酒礼，打造了"茅台宴""茅台酒礼表演"。不断规范茅台饮酒礼仪，对酒宴座次和饮酒礼仪中的斟酒、持杯、酒姿、碰杯、干杯、敬酒等姿态进行规范，以此探索并逐步形成一整套具有普适性、针对性、推广性和文化厚重、特色鲜明、彰显风度的"茅台饮酒礼仪"，以"敬""欢""宜"贯穿于酒宴的始终，倡导文明健康快乐的饮酒方式，从而体现谦恭待人的仪度修养，彰显中华酒文化的独特魅力。

六、节：天人之美

作为一个典型的农业大国，农耕文化已不仅是一项生产技术，而可以视作中国传统文化的开端。简言之，没有农耕文化的进步就没有博大精深的传统文化。

在长期的生产、生活中，充满智慧的先民通过观察自然的交替，找到了万物生长变化的规律，总结出了"春耕、夏耘、秋收、冬藏"的生存法则。这是中华先民对"道法自然""天人合一"最朴素的阐释。在生存法则的基础上，中华先民进一步提炼，摸索出了农业生产指南——二十四节气。

二十四节气揭示了天文气象变化的规律，它不仅在农业生产方面起着指导作用，同时还影响着古人的衣食住行，甚至是文化观念，"因时而食，因时而适"标志着人与自然在时序中达成了和谐统一。2016年，联合国教科文组织保护非物质文化遗产委员会第十一届常会通过审议，把二十四节气列入联合国教科文组织人类非物质文化遗产代表作名录。在国际气象界，二十四节气这一时间认知体系被誉为继指南针、造纸术、印刷术、火药之后的"中国第五大发明"。

茅台酒的诞生，既是中国农业发达的见证，也是顺天应时的结果。近年来，茅台深入挖掘二十四节气内涵，巧妙地借节气蕴含的丰富文化，来拓展茅台文化里的"节"文化，让世人既感悟到了节气的美，又品味到了茅台酒的美。

春分时节，昼夜平分，阴阳平衡，茅台酿造追求的也正是平衡极致，故而春分论道，可谓恰逢其时。自2022年起，茅台在春分日召开科技创新和人才工作大会。可以说，人才是茅台的内核，科技是茅台的驱动，两者不断推动茅台向前发展。在春分论道，是茅台在讲平衡智慧、顺应天时，是以科技创新解读传承密码，引领白酒行业进入"科技革命"。

清明节融汇自然节气与人文风俗，兼具踏青郊游、亲近自然和礼敬祖先、慎终追远两大内涵，其表象是"思源"，实质为感恩天地、感恩祖先，最能体现中华民族的感恩文化和内涵。茅台的"清明感恩大典"以庄重、诚敬的礼仪，开启茅台感恩文化的系统重塑，践行推动中华优秀传统文化的创新性发展和创造性转化，通过尊仁爱之念、倡感恩之风、行回馈之举，在全社会、全行业形成知恩思源、感恩思进、报恩思责的浓厚氛围。

端午制曲是天时、地利、人和的结果，其奥妙在于端午时节，气温逐渐升高，空气湿度大，尤其是制曲车间的温度可达到40℃以上，而酱酒独特酿造工艺的第一步就是高温制曲。高温潮湿的环境有利于微生物生长，这些微生物混入曲块中分泌出大量的酶，可以加速淀粉、蛋白质等转化为糖分。茅台在端午节举行祭麦典礼，体现的是茅台对传统工艺的坚守和传承，这不仅是具有茅台特色、行业特色、中国特色的酒文化品牌，也成为展示茅台工艺、文化的非物质文化遗产项目，让观者品味厚重的中华民族历史文化。

夏为大，至为极，万物到此壮大繁茂到极点。茅台把夏至定为"战略研讨"日，寓意让思想的碰撞更加热烈，让智慧的火花更加灿烂。

重阳佳节，既有长长久久之意，也是中国传统祭祖的节日。每到重阳下沙日，茅台都会举行茅台酒节，敬告天地，祭拜先人，以示不忘先辈业绩，恪守薪火相传之道的企业情怀，弘扬茅台传统文化。祭酒仪式源于茅台民间流传下来的重阳酿酒传统习俗，重阳节是一年中取水酿酒的最好时机，此时，酿酒师会举行祭酒仪式。择选吉时，沐浴更衣，祭拜天地，祭拜历代祖师宗师。焚香烛、献祭品、念祭词，以敬谢天地与酿酒祖师宗师的恩德，祈祷来年获得佳酿。

立春、雨水、惊蛰、春分、清明、谷雨、立夏、小满、芒种、夏至、小暑、大暑、立秋、处暑、白露、秋分、寒露、霜降、立冬、小雪、大雪、冬至、小寒、大寒，茅台取每个节气之寓意，行顺应自然之道，走绿色发展道路，开创深植于农耕文化、节气文化的茅台文化，不断探索传统文化之美，丰富"美时代·美生活"内涵，为带给人们生活的体验和美好的感知，创造出更多的可能性，探索更加美好的未来。

七、和：大同之美

《礼记·礼运》载："大道之行也，天下为公，选贤与能，讲信修睦，……，是谓大同。"大同思想是中华传统文化的智慧，也是对当代"推动构建人类命运共同体"的诠释。历来，中华文化讲仁爱、重民本、崇正义、尚和合。其中，和，是中华文化的核心思想，是万物兴盛的法则，"和合之道"是酒文化的核心思想，也成就了中国酒的国之气度。"和"是和谐、和平、祥和；"合"

是聚合、合作、融合。

茅台酒骨子里的"和"基因与中华传统文化里的"和"一脉相传。

作为多年"遵天道，守四时"的中国传统白酒行业典型，茅台始终坚持人与自然的和谐相处，坚守对"天""地"的珍视、对自然的敬畏。众所周知，茅台酒离不开得天独厚的自然环境，生态就是其品质核心之一。茅台严格执行周恩来总理在1972年关于"赤水河上游100公里内不准修建任何化工厂"的特别指示，主动融入贵州"国家生态文明试验区"建设发展大局，以实际行动，多措并举，深入践行"绿水青山就是金山银山"理念，用好"加减法"，下大力气呵护好赤水河流域"大生态"和厂区"小环境"，厚植茅台酒香的绿色基底，确保一江清水向东流。不仅成立了生态文明建设委员会，还编制了《2015—2020年生态文明建设规划》《环境保护总体规划》《生态文明建设改革三年行动计划》等一系列环境保护文件，制定"一基地一标杆"目标，入选贵州省"两山"基地，并在加拿大联合国《生物多样性公约》第十五次缔约方大会上交流生态文明建设有益经验。感恩赤水河、守护赤水河，已经成为茅台3万多员工的共识与责任，在长江上游与10省市共舞一条"黄金经济带"，书写了属于茅台的"绿色"答卷。近年来，茅台更是着力构建"山、水、林、土、河、微"的生态平衡系统，让茅台酒拥有更加独特的酿造环境。

自党和国家打响脱贫攻坚战役以来，从2015年开始，按照贵州省委、省政府部署安排，茅台集团正式对口帮扶道真县，累计投入资金3.2亿元，贴息贷款3亿元，帮助其修公路、建房子、做产业。2018年，道真县成功"摘帽"，贫困人口全部"清零"，彻底撕掉了千百年来的贫困标签。另外，茅台集团始终紧扣产业这个核心，基于"公司＋基地＋合作社＋农户"的形式，探索出具有茅台特色的"品牌带产业、企业带基地和合作社带农户"的"三带模式"；利用茅台品牌释放带动效应，大力发展有机高粱、蓝莓等地方农业特色产业，让人民在"家门口"富起来。

茅台不仅是贵州的茅台，更是中国的茅台，回报桑梓、反哺社会是茅台应尽的社会责任。一直以来，茅台在巩固拓展脱贫攻坚成果和捐资助学、赈灾救助、公益建设等方面持续发力，坚持"大品牌、大担当"，全力帮扶道真、丹寨打赢脱贫攻坚战，持续深化"工业反哺农业""黔货出山"，全方位助力乡村振兴发展。每年投入5000万元保护赤水河流域绿水青山。以体系化、持续化的公益举措，践行大企业的社会责任。自2012年开始，连续十一年，贵州茅台通过中国青基会捐款累计11亿余元，帮助20万余名困难家庭的学子，覆盖全国31个省（区、市）的2700多个县，开启了希望工程历史上企业累计捐资最多、覆盖范围最大、受益对象最广、合作程度最深的公益案例，成为国有企业积极履行企业社会责任的标杆典范。

从巴拿马摘金始，茅台身在河谷，胸怀天下。茅台已在全球各处布局销售市场网络，为茅台酒与世界各国人民搭建了"交流"的桥梁。近年来，茅台陆续走进"一带一路"沿线国家和地区，向世界展现中华文化"各美其美，美美与共"的魅力。酒是一种国际化的语言，是跨文化交流的天然使者。世界各民族的酒饮都带着各自的民族性格，茅台坚持在交流中互鉴，在碰撞中融合，最终走向和谐共存、至善至美的文化大融合境界。

在未来进一步的发展中，茅台以"和"为基调，着力打通连接，畅通从供应端到生产端、销售端，再到消费端全链条的连接；同时要拓展合作，真正把"共同体"理念实践和深化到极致，共创更加美好的生活。从90年代率先在行业内提出"文化酒"概念，到如今开启由"茅台文化"向"文化茅台"的转变，茅台一直致力于传承、发扬文化传统，并通过挖掘自身的独特文化内涵、丰富文化体系、提升文化赋能、彰显文化担当，以倡导酒文明、传承酒文脉，全力推动着中华酒文化创造性转化和创新性发展。

作为百年民族品牌，在走向世界的历程中，茅台正以独有的中华文化内涵、更高的文化聚合力，从产品输出到文化输出，为中国传统制造业提供全球参照样本，最终通过固有文化塑造出一种崭新的精神力量，为中国与世界对话注入茅台力量和智慧。

在广博深厚的中华文化当中，上千年的积淀为茅台提供了无与伦比的前进韧性和发展空间，随着"双翻番、双巩固、双打造"发展战略的持续推进以及五线高质量发展道路的确立，未来的茅台，将继续在星光璀璨的中国民族工业品牌中，演绎闪亮的奇迹。

无论世事如何变迁，唯有文化能穿越时间的长河，成为最持久的力量，"致极"且"致远"的茅台文化，必将沿着异彩纷呈的时代轨迹，散发出愈发醇厚的文化芬芳。

八、史：历史之美

"我是谁？""我从哪里来？""我到哪里去？"这是"人类之思"的终极三问。因而如何正确认识"我是谁"，理性审视、客观总结"来时路"，科学、准确划分过往发展阶段，以此来定位未来，必须严谨对待，绝不能含糊。从历史阶段演绎来看，茅台的终极之思可以划分为两部史——茅台酿酒历史、茅台人创业史来回答。

1. 茅台酿酒历史

若从猿人藏果酿酒的文献记载来看，人类酿酒已有近万年历史，我国既是世界上酿酒最早的国家之一，也是首创用酒曲发酵酿造粮食酒的国家。中国酿酒的历史，可谓源远流长，博大精深。其中，作为典型代表的茅台酒尤为积厚流光。

茅台酒始于何时？当从赤水河酿酒的历史说起。"集灵泉于一身，汇秀水而东下"的赤水河，是一条美酒飘香的河，也是我国历史记载的最早酿造美酒的地区之一。

从春秋战国到秦汉时期，黔北的濮僚人进入农耕时代，到西汉时，有史料记载，夜郎地区粮食已有盈余，为酿酒业的兴起提供了条件。汉武帝时，番阳令唐蒙出使南越（广东），在南越王的宴席上品尝到赤水河流域夜郎小邑所产的"枸酱"酒，回味无穷，在返回长安时献上"枸酱"酒，汉武帝饮后大加赞赏，定为贡品。到唐朝时，贵州已经是酒乡。据《旧唐书》《新唐书》《通典》记载，贵州的"东谢蛮""牂牁蛮"均有较为发达的农业，土宜五谷、稻粟再熟，酿酒普遍。《旧唐书·西南蛮传》载，东谢蛮婚姻之礼，以牛酒为聘。迄今为止，茅台酒有文献可查的历史可以追溯到清康熙年间。清康熙四十三年（1704），茅台村的"偈盛烧房"将其所产之酒定名为"茅台酒"。清乾隆十年（1745）张广泗疏浚赤水河道，商贾云集茅台，据《黔南识略》记载："茅台村地滨河，善酿酒，土人名其酒为'茅台春'。"乾隆年间，开修赤水河，川盐入黔，茅台地区商贾云集，民夫川流不息，对酒的需求与日俱增，刺激酿酒业的发达和酿酒技术的提高。商贾们来到茅台，必然要带些美酒往外地。随着时间推移，茅台酿造的酒被冠以"黔省第一"名号，足见茅台酒早在三百年前就奠定了在贵州酿酒业的引领地位。

1915 年，茅台酒在巴拿马万国博览会上获得金奖，成为中华民族工商业率先走向世界的代表；1935 年，中国工农红军在孕育了茅台酒的赤水河流域，四次飞渡，演绎了世界战争史上的传奇篇章。茅台酒见证了红军长征的艰辛足迹，经历了一场特殊的红色革命洗礼，播种了红色文化的种子。新中国成立后，茅台酒多次亮相外交场合，见证了中外友好交流往来。

2. 茅台人创业史

在 1949 年前，茅台酒生产凋敝，仅有三家酒坊，即：华姓出资开办的"成义酒坊"，称之为"华茅"；王姓出资建立的"荣和酒坊"，称之为"王茅"；赖姓出资办的"恒兴酒坊"，称之为"赖茅"。1951 年，政府通过赎买、没收、接管的方式将成义（华茅）、荣和（王茅）、恒兴（赖茅）三家私营酿酒作坊合并，实施三茅合一政策——国营茅台酒厂成立。自此，茅台酒焕发新的生命力，跟随新中国的步伐成长壮大。

有经济学者说，茅台的发展史就是中国经济高速发展的缩影。从这个维度来看，茅台自建厂便是一部茅台的创业史、奋进史。

奠基立业期（1951—1977）。在茅台档案馆中，珍藏着一张泛黄的员工花名册。从这张花名册上可以看到，建厂之初的茅台还是一个仅拥有 39 名员工的小作坊。据首任厂长张兴忠回忆，"1952 年去接管荣和烧坊时，烧坊里人去楼空，只有几间破陋的房屋及几个窖池、酒甑"。条件简陋、经费紧张、人才缺乏是茅台面临的主要问题。

路虽远，行则将至。茅台人在党和国家领导人的关心支持下，艰难探索、艰辛建设，以"优质量、提产量"为主线，完成了"奠基立业"的发展使命，推动茅台实现了从作坊式生产向工业化发展的历史转变。

1954年，周恩来总理率团参加日内瓦国际会议。在日内瓦会议上，周总理以惊人的智慧和才能，积极灵活展开外交。在会议召开的第二天，便以中国代表团的名义举行了招待会，招待各国代表、新闻记者和国际友人，茅台酒以其优秀的品质，一下子成了宴会上的话题。宾主十分高兴，在品评着茅台酒中频频举杯沟通感情，茅台酒在与会国家的代表中出尽了风头。回国后，周总理向党中央汇报时，感慨颇深地说："在日内瓦会议上帮助我们成功的有'两台'，一台是茅台，一台是戏剧《梁山伯与祝英台》。"

九层之台，起于累土。今天回头来看，茅台这二十七年围绕产量、质量开展的一系列研究、实验、实践工作和建设工程，用科学理论认识和完善了茅台酒的传统工艺、勾兑工艺，找到了茅台酒生产规律和酿造过程中微生物活动规律，积累了"质量是一切工作的第一标准"的宝贵经验并遵循至今，为茅台后续发展提供了理论依据、实践遵循和基本方向，奠定了茅台辉煌七十年的实业基础。

改革兴业期（1978—2011）。这一时期，茅台人紧跟改革开放浪潮，深度参与市场博弈，苦干实干、识变求变，以"扩产能、拓市场"为主线，完成了"改革兴业"的发展使命，推动茅台实现了从计划经济向市场经济的历史转变。

这三十四年迈过的沟坎、取得的胜利，是老一辈茅台人团结带领全体干部职工苦干实干、打拼出来的。他们用勤劳的双手增添"中国茅台"之光，以辛劳的付出履行"茅台儿女"之责。其内在的支撑，是源自"爱我茅台、为国争光"的精神力量，是基于"离开茅台镇就生产不了茅台酒"的自信驱动，是"酿造高品位生活"的使命担当。

转型大业期（2012—2020）。这一时期，茅台人把握新时期发展要务，搭乘新时代发展东风，因势而动、顺势而为，以"调结构、促转型"为主线，完成了"转型大业"的发展使命，推动茅台实现了从做大规模向做大主业的历史转变。

在这一轮历时八年的深度转型中，茅台从买方市场转向卖方市场，赢得了转型发展、转型升级的主动权，也迎来了步入高质量发展的新起点。2019年，茅台实现"营收过千亿、股价上千元、市值超万亿"的历史性突破，提前一年完成"十三五"目标任务。2020年，茅台酒产能达到 5.6 万吨，是1952 年 75 吨的 746.7 倍；营收 1140 亿元（1952 年产值旧币 6 亿元）、利润总额 733 亿元（1952 年利润总额旧币 0.8 亿元），创造历史最高；品牌价值 538亿美元，列"2020 年 BrandZ 全球最具价值品牌百强榜"第 18 位，较 2017 年上升 100 位；茅台市值站上 2 万亿台阶，盘中最高市值达到 2.5 万亿元，是上市时的 320 倍（2021 年，盘中历史最高市值 3.3 万亿元，是上市时的 416倍）。

高质强业期（2021—　）。从 2021 年开始，茅台随着党和国家全面开启建设社会主义现代化国家新征程，步入高质量发展新时期。茅台以"双翻番、双巩固、双打造"为主线，奋力完成"高质强业"的发展使命，确保茅台始终沿着高质量发展路子大踏步前进。

站在新起点，茅台人坚持党的领导，坚持"爱我茅台·为国争光"精神品格，坚持对质量的信心、信念和信仰，坚持传承传统工艺，坚持生态优先、绿色发展，坚持现代化管理，坚持践行人本理念，坚持以科技创新为驱动，坚持文化赋能、资本增能、数字化聚能，必将凝聚起在新征程上劈波斩浪、奋勇前进的磅礴力量，不断书写高质量发展的崭新篇章！

历史车轮滚滚向前，凝结于茅台里的久远历史密码，不只藏于浩如烟海的史籍书卷中，更飘香于赤水河畔这片神奇的土地上。

九、器：底蕴之美

一部酒器史，就是一部浓缩的中国酒史。这个结论得到很多白酒研究专家的一致认可。酒器的生产和发展几乎像酒一样源远流长、千姿百态，但从酒器的发展演绎来看，"陶器时代""青铜时代"是中国酒器文化的两座高峰，从侧面为我们保留了那个时代的特征。

1994 年，仁怀城区东门河西岸岩壁上发掘出"商代酒器"，出土绳纹夹砂陶大口尊、锥刺纹圜底陶瓶、绳纹圜底陶杯各一件，以及方格纹灰陶片、绳纹陶片、器盖、石质刮削器、尖状器、锤等。3 件酒器制作规整，古朴大气，尊用于贮酒，瓶用于盛酒，杯用于饮酒，有酒文化研究人士认为，3 件酒器是配套用于祭祀活动的器具。绳纹夹砂陶大口尊在形制上是贵州考古的首次发现，经鉴定为周代文物，是研究仁怀商周时期酿酒和用酒活动的实物资料。

1991 年，仁怀合马梅子坳汉代土坑墓发掘出一批酿酒器、烤酒器、贮酒器、盛酒器、饮酒器——辅首衔环酒壶、陶瓮、陶坛、四系陶酒罐、陶釜、陶甑、陶碗、陶篮、手持木锨的制酒陶俑。这些酒器中，大多以双数出现，如两个陶瓮、两个陶酒罐、两个陶俑。其中，辅首衔环酒壶造型美观，烧制水平高，是此次出土的代表性文物，壶高 36 厘米，腹径 32 厘米，着灰褐色釉，轮制，系王莽时期所造。一个土坑墓中能发掘出制酒用酒的全套器具，说明仁怀一带酿酒业在汉代已有相当高程度的发展。

从出土的酒器文物来看，在商（约前 1600—前 1046）、西汉（前 202—8）、东汉（25—220）、明朝（1368—1644），生活在赤水河流域的人民已经掌握了较高的酿酒水平，而且具有制作精美酒器的能力。

茅台酒承袭古法酿造，取酒、存酒、运酒、售酒所运用的器具，也随着时代的变化而不断更迭，大致经历了厄子、土陶瓶、白瓷瓶、乳白玻璃瓶的发展、演进。

厄子是清朝时期常见的一种盛装茅台酒的器具。厄子先用细竹篾精编成竹篓，再在竹篓内糊上猪血、生石灰和宣纸，最后用桐油浸泡。每个厄子能盛酒 100 斤。清朝中期，茅台酒散装零售，盛酒的容器就是厄子。当时茅台人选择厄子做盛装工具，是因为茅台镇地处赤水河谷，四周群山环抱，运输货物只能靠人背马驮，如果用陶坛，自身重量已经够重，更不要说再盛满酒了。而竹编的厄子，自身重量很轻，使装运的效率大大提高，走街串巷的行商小贩，也可以挑着沿街叫卖，或者翻山越岭长途贩运到邻省出售。

到了 1745 年后，赤水河疏通，茅台镇成为川盐入黔重镇，商贾云集，茅台酒也随之声名远播。这时，随着运输方式的改变，装茅台酒的器具也从厄子变成了鼓腹陶瓶，形状犹如当地人称的"罐罐儿"。1915 年，在巴拿马万国博览会上，陶罐盛装的茅台酒斩获金奖，与包装精美的法国科涅克白兰地、英国苏格兰威士忌并称世界三大（蒸馏）名酒。

20 世纪 40 年代，茅台酒改陶罐为柱状酱色陶瓶，开始沿着时代的脉络改进外观，既以品质征服人，又以精美包装打动人。到了 50 年代末期，外销茅台酒以精美的白瓷瓶盛装，并配以耀眼的红丝带，使"白瓷瓶·红丝带"成为经典的茅台酒形象。据载，在古代，酒家将"酒"字书写在布上，高高悬挂在店铺门口，招揽顾客，而茅台酒瓶上的红色飘带便是由中国古代酒旗演变而来的。1966 年，贵州清镇玻璃厂试制乳白色玻璃瓶获得成功，并沿用至今，成为茅台酒的一大标志，被称为"茅型瓶"。90 年代末，茅台率先在行业内推出陈年贵州茅台酒，并以江苏宜兴紫砂瓶盛装，既彰显年份酒的尊贵，又是对"陶器时代"的致敬。从 1998 年起，外销茅台酒会附送一对晶莹剔透的小酒杯，这成为茅台的标志性符号之一。小酒杯主要为了培养外国人细致品酒、小口品酒的习惯。

如果说使用江苏宜兴紫砂瓶是对"陶器时代"的致敬，那 2004 年茅台酒推出的被国家博物馆收藏的"十大青铜器酒"则是对"青铜时代"的重塑，让青铜酒器重返普通人的餐桌。茅台在青铜器内部烧铸了一层陶瓷内胎，解决了酒不能直接接触重金属的问题，使其具有了实用价值。此外，还将温酒器、盛酒器、饮酒器的功能合为盛酒功能，既古为今用，又推陈出新。

茅台在对酒器致敬和重塑的同时，也不忘让文物"活起来"。2021 年 3 月，贵州茅台酱香酒营销有限公司与汉酱酒经销商全国联谊会联合中国文物保护基金会，共同发起"汉酱·匠心传承"专项公益基金，该基金分两期共捐助资金 500 万元用于殷墟出土文物修复和专项人才培养计划；截至目前，该项目已完成一期123件青铜器修复，其中有55件为青铜酒器。这一举动，让更多破损的文物重现昔日芳华，用文物传承文化，为保护中华优秀传统文化根脉作出贡献，是茅台"紫线"发展路上的一大亮点。

酒器，不仅仅指饮酒的器具，也可以放大到茅台的整个包装之中，优质的选材、精美的色彩与具有传统文化的元素相融相合，体现了茅台酒深厚、悠久的文化内涵，也展现了茅台酒的不凡气宇与传统文化的多姿多彩。除了在茅台酒瓶的更迭中能看到中国元素陶、瓷的身影，在茅台酒身上，还有很多中国元素。五星商标，来自天文现象"五星连珠"，代表祥瑞；茅台最具代表性的飞天商标则源于敦煌文化。茅台酒的包装将传统和现代巧妙融合，这不仅是器物的传承，更是酒文化的传递。茅台酒的包装曾荣获"亚洲之星""世界之星"等国际包装大奖，成为众多品牌仿效的典范。故而，茅台酒不仅是一瓶有品质的酒，更是一瓶有文化、有底蕴的酱香型白酒。

第四节 "五合营销法"是茅台营销的美学系统

在全球烈酒营销史上，能像茅台酒这样，在如此长时间内，在一个超大规模市场上保持"供不应求"局面，并在销售收入、利润额、品牌价值等多个维度成为全球第一的产品并不多见。茅台酒也是人类历史上首次出现的连续两年突破一千亿级营收规模的烈性酒产品，不断刷新世界酒类交易史上"最好卖"产品的纪录。

茅台营销成功背后，既有品质的力量，更有美的力量。回顾1954年，茅台酒首次有了自己的经典商标、陆续进入全国市场并开始登陆海外市场时，几乎没有任何国际贸易知识，从粗陋的外包装到简单的海报设计，从不准确的产品成分介绍到商品宣传描述，那时的茅台酒营销，带着浓厚的农耕时代色彩。但是，因其良好的品质，茅台从1950年代中期开始，就被纳入国家出口产品名录，也因此获得了来自国际市场不间断的消费反馈，比大部分同行获得了更多来自更高标准市场的营销审美浸染。

茅台营销的演进史，是一个东方古老品牌，在过去七十余年来全球市场化与工业化进程中，不断成长的艰苦故事。从不熟悉最基本的市场规则，到全球市场声名鹊起，再到今天"数实融合"，跨入"五合营销法"全面实施背景下的"美时代"，既是茅台营销的美学系统的全面提升，亦是在茅台营销屡屡打破纪录、进入历史最高点后的再出发。

从品质茅台到品牌茅台，回顾茅台营销不断崛起的过程，"美学"的力量不容小觑。进入 2022 年，以"i茅台"诞生为标志，以"五合营销法"问世为抓手，"美时代"茅台营销的全面升级，既有国际经济环境发生深刻变化的外部因素，也有茅台立足潮头、向全球一流企业进发的内生动力。

"五合"营销中，主动是态度、数字是效率、文化是根基、品牌是核心、服务是保障。站在用户的视野规范、改进市场规则，从而形成更好的口碑，"五合营销法"既是对茅台过往营销的升华和升级，也是对新时代要求的响应与升级，其逻辑涵盖了以茅台酒为代表的茅台全系产品，是全集团市场营销的战略规划与顶层设计。

将美进行到底。以"五合营销法"为内核的全新时代，对审美的强调贯穿始终。其要义，是针对茅台的文化属性、商品特点、营销场景、受众变化等等，全面提升认同感和亲和力。在茅台历史上，这是一次不同以往、不同其他的审美变革。

一、资源整合，实施"主动营销法"

"主动"就是要有换位思维，从客户的立场与角度思考营销的审美方向与提升路径。在这个层面，茅台的美学逻辑，是要千方百计优化用户的体验感和认同感，扩大茅台的消费基础、拓展茅台的认可范围。对茅台来讲，"资源"不仅局限于商业客户，更有来自经济、文化、社会等各方精英力量的加持。以提升"审美力量"为要义，统筹茅台全集团酒类产品，深耕自营、社会、电商等多种渠道，聚焦"行业""企业""圈层"，精准定位客户，实现主动营销的精准化、标准化和高效化。当下，国内外消费市场和行业环境正在深刻调整，茅台市场环境面临新趋势、新群体、新场景、新零售、新产品"五个新"的变化。我们既要从"变"中看到危机，也要通过对"变"和"势"的分析，做到准确识变，从而实现科学应变和主动求变。

2022年春节前，全国线上线下、大屏小屏联动茅台贺岁，以节日营销IP打响了"主动营销"第一枪。同年立春至年末，全国茅台酒经销商结合二十四节气主动出击，开展了近万场营销活动，有时甚至一周就有数百场活动。我们主动布局年轻化市场，推出"茅台冰淇淋"，并迅速成为同业爆款产品。

美酒、美食，是人们对美好生活最原始的期许和追求，茅台始终践行"酿造高品质生活"的初心和使命，应对市场多元化需求，不断开发更多美的产品，布局更全更优的产品带和价格带，用美酒美食给人们带来生活的愉悦感、满足感和幸福感。比如，我们开发的茅台冰淇淋，深受消费者喜爱和追捧。面对新消费群体，我们以"茅台＋文化"赋予产品无限的可能，茅台悠久、多元、深厚的文化底蕴，为茅台文创注入更多年轻、时尚的新元素。

二、数字融合，实施"数字营销法"

大数据时代，人类社会的互动环境有了前所未有的变化。身为传统制造业，茅台需要加快补齐新零售短板，构建和完善数字化营销平台，为茅台市场营销注入新动能。在这个层面，茅台的美学逻辑，是要针对以Z世代[9]为代表的新生消费人群，构建新的认同度、提升营销水准。

以"i茅台"亮相为标志，茅台的数字营销从一开始就走出一条高水准路线。在茅台强大的影响力带动下，这个平台不仅创造了多个端口的下载纪录，并持续保持了高热度的活跃粉丝群。"i茅台"的出现，不仅给茅台、给产业提供了一个新锐的数字化营销平台，更给地方、给产业、给企业贡献了一个全新的文化传播平台。它更像一个带媒体功能的数字化营销渠道，不仅深刻改变了茅台的营销生态，也全面提升了茅台营销的审美风格和水准。从此，我们可以更清晰地给消费人群画像，并能更准确地调整我们的审美思维，提供更有针对性的审美策略。

当前，数字技术正处于创新变革活跃期，大数据、区块链、5G、VR、AR等现代信息技术，正在深刻改变经济、社会的运行形态。尤其是"元宇宙"的发展，必将重塑人们的生活、工作和消费方式。就像虚拟技术催生了仿生学、无人机、数据建模等领域的革命性进步，数字技术在茅台，也必将让传统工业企业焕发新的生命力。

2023年伊始，茅台开展数字化创新，推出"巽风数字世界"。这是一个以"元宇宙"思维搭建的全新空间，更是企业新的增长方向。培育"巽风数字世界"的过程，对于茅台人来说，是从未有过的建设体验。我们在虚拟世界里搭建了一个崭新的酿酒世界，让每一个有潜质、有创造力的个体或机构，都能参与到茅台的创意、设计甚至工业环节的研发——这是一条充满无限可能的发展道路，作为传统企业和实体经济代表，茅台正在前所未有地加大数字化进程。

通过"i茅台"数字化营销平台和"巽风数字世界"，茅台不仅可以实现补齐新零售短板的进程加速，更能为茅台市场营销注入全新动能。与此相伴，"智慧茅台"建设也在全面推进。我们帮助经销商加快数字转型，与茅台建立数字连接，构建更加高效、系统的数字生态圈。同时着力培养传承人，在未来的数字世界继续用更科技和新潮的方式，为人们创造更美好的消费体验。

自3月31日上线试运行第一天起，"i茅台"便成为中国消费品行业关注度最高的APP软件，第一天拥有500多万的用户数，到2022年年底，用户数超过3000万，日活数也达到了400万。英国品牌评估机构"品牌金融"（Brand Finance）评价"i茅台"让用户通过全新的方式进行线上支付。"i茅台"超强的直控能力提高了茅台的渠道效能，直达C端用户群体，与自营渠道、社会渠道、电商渠道互补，实现了生产端与消费者的无缝连接与即时互动。

"巽风数字世界"刚刚起步，发展势头良好。"巽风"上线首日，即成苹果APP下载冠军，并在亮相翌日突破100万用户。两个平台从不同层面，给茅台数实融合带来的审美提级，可谓空前。我们从来没有像今天这样，如此

"i 茅台"成为中国消费品行业关注度最高的 APP 软件

数实结合的"巽风数字世界"

近距离地接触用户、接触潜在客群、接触到未来的消费圈层。

三、文化相合，实施"文化营销法"

增强文化的力量，是建立茅台审美系统的核心资源，也是茅台在全球化时代，增加跨文化、跨区域影响力的最重要路径。围绕"茅台是酒文化的极致"，充分整合茅台优势文化资源，坚持文化聚能；通过做精文化产品、搭建文化平台、营造文化场景、丰富文化活动，切实把茅台的文化势能转化为营销效能、市场势能、品牌势能。文化创美助力营销，让消费成为格调、成为美好生活的记忆与见证。

文化与品质一样，也是茅台最重要的竞争力。身为中国传统品牌，茅台既有厚重文化底蕴，亦有与当下全球市场深度融合的开放理想。经过七十余年的发展，茅台不仅赓续着千年的酿酒文脉传承，更实现了工业化时代、全球化时代的商业文化积累，形成了极为丰富的文化资源与文化宝藏。以"茅酒之源"为代表，我们聚焦茅台文化"人、文、物、艺、礼、节、和、史、器"九大系列，充分整合茅台优势文化资源，特别是通过二十四节气茅台活动、茅台"千年酒脉"建设等等，以做精文化产品、搭建文化平台、营造文化场景、丰富文化活动，切实把茅台的文化势能转化为发展效能；让消费者在品味茅台醇香的同时，将浓郁的文化韵味和艺术审美浸透于生活之中，深化美的认知，提高生活格调。

四、品牌聚合，实施"品牌营销法"

品牌与品质一样，是茅台的核心竞争力。在品牌层面，茅台的审美逻辑是要建立更为清晰的识别系统、打造更有聚合力的品牌矩阵、强化赋予产品价值与信任的美誉度与认同感。

"品牌"一词，源自古挪威文字，其本义是"烙印"。这个词源，非常形象地表达出品牌的本真含义——如何在消费者心中刻下烙印。现代社会，品牌是传播最热、影响最广的理念与价值。在消费时代，让成就感附着于产品之上，赋予消费者价值及成就感，是品牌的方向与理想。茅台在国内外都拥有较高知名度，在国内消费者眼中更是树立起了很高威望。尽管如此，茅台从来没有停下脚步，对内继续围绕构建"品价匹配、层次清晰、梯度合理"的品牌体系，聚焦培育大单品和文化精品，不断优化产品结构，巩固增强茅台酒品牌优势，提高茅台品牌的综合能级，以满足消费者在"美时代"的物质及精神需要；对外展现企业的格局和担当，持续投入公益事业，在洪灾、地震、疫情等事件中，主动捐款捐物，做好同业表率，并积极投身 ESG 建设，全面强化企业社会责任，以长期行动输出茅台的正能量及价值观，提升品牌美誉度，建立品牌文化认同度和信任感。

五、管服结合，实施"服务营销法"

提升服务的体验，是茅台美学体系建设的重要一环。对标世界一流，茅台理应建立与其品牌美誉度相匹配的服务能力，理应建立与其产品地位相匹配的市场管理水准，产品从上游到终端，全线提升消费者的体验感和愉悦感。在这个层面，我们的美学逻辑是，围绕消费人群的需求，全方位提升茅台市场管理能力和市场服务能力，维护良好的市场秩序和经营环境，持续为消费者创造具有国际一流水准的消费环境、服务响应以及文化满足感。

服务创美助力营销，带给顾客美的体验。美的服务体现的是美的理念、美的情怀和美的品德。我们坚持以消费者为中心，聚焦客户真实需求，实施主动营销，提升品鉴、购酒、配送、售后以及个性化服务水平；提高市场管理能力和市场服务能力，维护良好的市场秩序和经营环境，持续推进茅台"第三代"专卖店、自营店、茅台文化体验馆等窗口平台建设，提高员工服务意识和服务能力，让消费者真切感受到茅台的服务温度和品牌魅力，维护和巩固来之不易的市场耕耘成果，进一步提升茅台的良好品牌形象。

参考文献：

1 刘刚纪.传统文化、哲学与美学［M］.武汉大学出版社，2006：503.

2 亚历克斯·西蒙森（Alex Simonson）著，曹嵘译.视觉与感受——营销美学［M］.上海交通大学出版社，1999：1.

3 亚历克斯·西蒙森（Alex Simonson）著，曹嵘译.视觉与感受——营销美学［M］.上海交通大学出版社，1999：1.

4 科特勒.营销管理——分析、计划、执行与控制［M］.清华大学出版社，1997.

5 亚历克斯·西蒙森（Alex Simonson）著，曹嵘译.视觉与感受——营销美学［M］.上海交通大学出版社，1999：15–16.

6 李元胜.茅台中国酒文化城［M］.重庆出版社，2021.

7 姚辉.东方第一壶——贵州茅台酒厂记事［J］.山花，1993.

8 蔡劲峰.炎帝陵祭祖大典用茅台酒祭祀［J］.新闻天地，2005.

9 "Z世代"，网络流行语，也指新时代人群。

第 八 题

茅台酒品饮美学

"饮"是人日常生活的基本形式。饮之于人，不是单纯满足口腹之欲的生理活动，而是为人提供形、色、香、味等感性的审美感受，还积淀着人的生活情趣和寄寓，因而有品饮美学。"酒"是"饮"之大端，"饮"与"酒"在字形上同义同源，足见"酒"之于"饮"的重要性。酒是人类最古老的发明之一，且绵延至今，它普遍被用于聚会、节庆、欢宴、祭祀等，人类借酒抒情、庆祝、通神，在酒中沉醉、忘却、创造，构筑通向人生此在的精神家园。

酒，在千百年文化长河的冲洗和滋养下，早已不只是席间饮品，而饮酒也俨然沉淀成为一门艺术。品饮文化作为一种特殊的文化形式，在传统的中国文化中有独特的地位。古人关于品酒比较规范的饮酒礼仪、礼制最早出现在西周时代，成为当时礼制社会的重要礼法之一。西周饮酒礼仪可以概括为四个字——时、序、效、令，分"拜、祭、啐、卒爵"四步[1]。后来，文化巨人孔子也提出"饮酒者，乃学问之事，非饮食之事也"，阐释了饮酒并不是简单的饮食之事，其中的礼节、仪式等都是一门学问。

关于品饮的仪式，古代的文人墨客尤为讲究，对饮酒的对酒之人、场合、酒具和方式等都很讲究，席间常常以酒为介，辅以酒礼、酒式，斗酒作画、谈诗话文，觥筹交错间，谈笑风生，不仅享受了酒的醇美，也成就了诸多佳句华章，如此，便在品饮的过程中彰显了鉴赏之术，这也是品饮鉴赏之道最早的雏形。

真正的品饮，是心灵与美酒的对话，是精神与艺术的共鸣，一招一式，一盏一席，都散发着美酒的醇香和文化的馨香，尽显品饮之美。

第一节　美的视觉体验

一、酒体背后的色泽美学

茅台酒色泽的形成是微观成分在宏观状态下的体现，是茅台酒品质的具象化表达。

所谓色，即颜色，是白酒酿造、贮存过程中天然赋予的特征之一。茅台酒颜色通常呈无色或微黄色，是由其优质原料、独特酿造工艺和长期贮存造就的，酒体颜色主要源于酒中含有的芳香族、联酮类等60余种化合物。茅台始终选用陶坛贮存，主要是因为陶坛透气性好，其微孔结构有利于基酒与外界环境产生"微氧循环"，同时，陶坛中富含铁、钙、铜、镁等多种微量元素，在长时间的贮存过程中，会缓慢地溶解到酒体中，酒分子和水分子也以这些微量元素为中心进行紧密缔合，形成稳定的大分子团，起到一定的催化作用，所以陶坛也主要用于高端白酒的贮酒容器。

所谓泽，即物体发出的光亮，也就是酒液的透明度、澄清度，茅台酒的酒体清澈透明，无悬浮物、无浑浊。

茅台酒的酒体微黄透明

关于"浊"和"清",据记载,古人最早的酿酒方式是用谷物发酵酿制,因其未经过滤,纯度不够,从而不够清澈,多有沉淀物,所以有"浊酒"之说。中国餐饮文化大师王赛时在《唐代酿酒业初探》中指出"唐代的米酒按当时的酿造模式又可分为浊酒和清酒。浊酒的特点是酿造时间短成熟期快、酒度偏低、甜度偏高、酒液比较浑浊,其整体酿造工艺较为简单;清酒的特点是酿造时间较长、酒度较高、甜度稍低、酒液相对清澈,其整体酿造工艺比较复杂。'清'是唐人判别酒质的标准,酒清者自然为上品"[2],后随着制酒工艺、生产工具的改进,中国的白酒也逐渐从古代的发酵"浊酒"发展到如今清澈透明的蒸馏酒,这既是农耕文明发展和技术进步的体现,更是对晶莹澄澈的色泽美学的追求。而不同贮存时间的茅台酒各自呈现出清亮透明、晶亮透明、清澈透明,也正体现了茅台对美和品质的不懈追求。

二、酒体质感蕴含的品质美学

轻轻斜晃酒杯,让茅台酒液沿着杯壁缓缓旋转,酒杯内壁一道道珍珠链纷纷垂落,静止片刻,垂而不坠、星星点点的"满天星"布满杯壁,甚是美丽,这也是传说中"美酒会流泪"的缘起,小酌时留意欣赏,也不失为一种趣味。

挂杯其实是一种由液体表面张力作用引起的"热毛细对流",由于酒精的挥发速度高于水分,当酒液在酒杯壁上扩散时,酒液与空气的接触面积增大,随着酒精及其他挥发性成分的挥发,酒体表面张力发生变化,在表面张力与重力的共同作用下,酒液就被拉扯成了一道道酒痕。茅台酒中含有种类繁多的风味物质与高沸点物质,带来酒体复杂的流体力学特性,让茅台酒独特的挂杯状态成为一种视觉享受。

除此以外,摇动酒杯,茅台酒还会出现绵密、均匀的酒花,呈细碎夹带小米花状,堆花厚,坐花持久,其酒花同样也源自于茅台酒中各成分极性间的相互结合、协同作用。随着贮存时间的增加,水与乙醇的氢键之间,或其他成分的极性之间相结合加强,构成大分子缔合群,加强了乙醇分子的束缚力,减少了自由乙醇分子的数量，致使酒液表面自动缩小，酒花就会变得绵密而细小，这也降低了味觉和嗅觉的刺激作用，所以酒体会变得更加柔和、顺滑。

第二节　美的嗅觉享受

一、源远流长的酱香之美

酱，起源于中国，有着悠久的历史，本义是指用食盐、醋等调料腌制而成的肉酱。据记载，早在三千多年前，中国周朝就有制作"酱"的记录了，酱是中国古代皇帝御用的调味品，后因风味绝佳渐渐流传到民间。中国酱之制造，其实就是我国人民对美好生活向往和追求的产物，是集中国劳动人民智慧与结晶的劳动美。

千百年来，中国作为传统的饮食之邦，发展形成了丰富多彩的饮食文化，由于地域不同，又形成了各具特色的风味流派，但在中国饮食习惯中对于"酱香"风味的偏爱和不懈追求，却是显而易见的。如今，酱香的风味已经深深融入到中国百姓餐桌上，而茅台的酱香，既是天工，也是地造，它与美食的烟火气息相辅相成，成就佳筵之美，形成了独属于茅台而不可复制的"天酿"和"天香"。这些香气不但来源于赤水河畔所产"红缨子"高粱本身的粮食香气，还有坚持茅台酒酿造工艺所产生的发酵香，以及经过岁月沉淀酒体自然老熟所产生的老熟香。

一瓶好的茅台酒，随着茅台酒瓶盖的开启，酒香飘逸，似谷中幽兰，幽幽放香，袅袅不断，让人爱慕不已。当倾杯倒酒，酒线绵绵，随着酒液溅落而激发出来的"酱香"愈加撩拨心弦。酒至半杯，勾头闻香，扑鼻而来的是茅台酒的前香，这是初嗅时对茅台酒香气的第一印象，茅台酒的前香以酱香为主，这是微生物代谢的风味物质所特有的一种细腻、幽雅、舒适的复合香，酱香突出是茅台酒香气的重要特征。

二、兼收并蓄的丰富之美

幽雅细腻是茅台酒香气的核心特征，包括多层次、持久稳定以及幽雅宜人等，因此茅台酒的香是多层次的体验过程。当细致地对茅台酒进行深度闻香，会感受到多种不同的香气，这些香气通过融合、影响、叠加、制约等共同作用，最终形成茅台酒浑然一体的体香。幽雅的体香是茅台酒香气中最具魅力的部分，好似春回大地、百花齐放，让人心旷神怡。

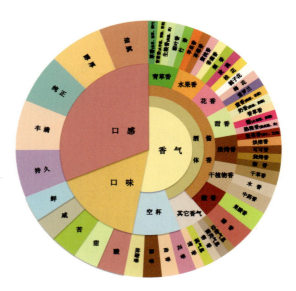

茅台酒风味轮盘

酒好喝与否主要取决于酒体本身的风味，好酒的风味成分总是丰富而协调的。经过多年研究，茅台人明确了茅台酒中有关键风味贡献的物质有361种，茅台酒风味可划分为水果香、花香、青草香、甜香、焙烤香等9个维度。其中，水果香是以异戊酸乙酯等短链脂肪酸乙酯类化合物为代表；花香是以苯乙酸乙酯等化合物为代表；青草香是以短链醇类化合物为代表；甜香是以苯甲酸乙酯以及一些酮类化合物为代表；焙烤香是以四甲基吡嗪、三甲基吡嗪等化合物为代表；干植物香是以愈创木酚等化合物为代表；酸香是以乙酸、丙酸及乳酸等有机酸类化合物为代表。研究表明，茅台酒风味成分独特，表现为风味物质种类多、含量适中，尤以呈花香的芳香族类、呈坚果香的吡嗪类以及有机酸类化合物最为丰富，使得茅台酒幽雅细腻、自然协调。

三、余韵幽远的留香之美

送人玫瑰，手有余香，盛过茅台酒的酒杯亦是如此。将茅台酒杯移近鼻端，会感受到一种独特的复合香气，这种香气不同于开瓶时的喷香，先是酱香和花香，然后是曲香和酸香，一层一层，泾渭分明。

空杯留香持久是茅台酒典型的香气风格特征，浑然一体，卓然而绝。茅台酒在高温堆积发酵过程中会自然形成多种香气成分，在高温馏酒过程中能有效排除挥发性强的硫化物和其他刺激性的低沸点物质，更多地保留不易挥发的高沸点香味物质，形成茅台酒低沸点物质较少、高沸点物质较多的特殊成分体系；再经过漫长的贮存时间，低沸点化合物含量逐步降低，留下的大部分是一些高沸点的芳香物质，它们便是茅台酒空杯留香持久的关键因素。

第三节　美的味觉盛宴

一、细腻谐调的入口体验

细腻谐调完美体现了茅台酒口感的美学特点。随着酒液布满整个舌面，丰富的香味会在口腔中迅速扩散，首先感受到的是茅台酒的醇厚感、平衡感，随之就会感受到满口溢香，这是一种幽雅、细腻谐调的复合酱香味，时而感受到青草香味，时而感受到坚果香味，时而感受到曲香味，各种香味既丰富又相互成就，沁人心脾，体现的是一种协调平衡的酱香之美。

由于茅台酒有机酸含量较高，种类丰富[3]，所以茅台酒酸感会比其他味感更强烈一些，而这些酸类物质对酒的呈香呈味贡献很大，既可以增长酒的后味，消除酒的苦味，也是新酒老熟的有效催化剂，起到了调和体系口味、稳定体系香气的作用[4 5]，使茅台酒口味更加细腻谐调。

品饮美酒是一种美的享受，但在品饮过程中，由于长时间对鼻腔和口腔的刺激，会使嗅觉和味觉变得迟钝，为了缓解嗅觉和味觉的疲劳，可在品饮间隙配上一碟黄瓜、清洁口腔、清新口气、恢复味觉，让感官恢复到最佳状态。

二、饱满醇厚的口感美学

醇厚感是一种体感，蕴含着口感丰富多样的"强刺激"信息，这种强刺激绝不仅仅是乙醇对于口腔的刺激感，更多地表现为酒体中呈香呈味物质所带来的舒适愉悦的感受。当茅台酒液在舌面缓缓流动时，会带给口腔温和不刺激的丰满感，随后，你会逐渐感受到缓缓释放的坚果香、曲香、花香和老熟香，在咽喉处会感受到明显的曲香。茅台酒多样的风味物质给口腔带来丰富的感受，这就是茅台酒醇厚感的来源。

另外，丝滑感也是一种动态体验，当茅台酒液顺着咽喉处下滑，你会感觉它犹如巧克力般柔顺丝滑、舒适而愉悦。

随着贮存时间的延长，茅台酒里的水分子和酒精分子相互间缔合度增加，使酒精分子受到束缚，自由度减少，刺激性减弱，酒体会显得更加柔顺丝滑，而且低沸点化合物浓度逐步降低，这种变化使酒体更加平衡协调，口感更加细腻、丝滑、醇厚，饮感更加舒适。

三、悠久舒适的回味感受

好的艺术品，不仅会彰显出它无穷无尽的生命力，还会给人带来愉悦的心情和美的享受。茅台酒是技术与艺术的完美体现，它的味觉体验也是如此。在茅台酒品饮的过程中，回味悠长是茅台酒独特的重要特征之一，主要是因为其高级脂肪酸含量较为丰富[6]。感受茅台酒的回味需要调动整个鼻腔、口腔以及咽喉共同来体验。柔滑的酒液顺着咽喉自然下滑，待酒液完全下咽后，自然地闭合嘴巴，再从鼻腔缓缓地呼出，此时，茅台酒释放出来的花香、果香、烘焙香、醇香、曲香等复合的香气香味在口、鼻腔里回荡共鸣，尤其是浓郁的曲香会长时间停留，回味持久，这就是茅台酒的回味悠长。

第四节　美的风格感悟

一、协调饱满的风味构成

白酒的风格体现了中国人对美食美味的风味追求，茅台酒的匠心陈酿，是茅台把不断满足人们对美好生活的向往和追求作为奋斗使命的最美表达。

茅台酒生产是贯穿四季的，特殊的自然地理环境及复杂的酿造工艺造就了不同轮次基酒独特的风味与口感。一、二轮次由于节气和原料的因素，基酒中带有独特粮香与酸涩口感；三、四、五轮次是茅台酿造的"黄金轮次"，其基酒特征逐渐从青涩走向成熟，花香、曲香等香味物质进一步富集；到六、七轮次，随着发酵的进行，酒醅经多次蒸煮，酒体逐渐呈现出坚果香及焙烤香。基酒风味口感的多样性是奠定茅台品饮之美的重要基石。

不同轮次、不同典型体、不同酒龄、不同酒度的基酒经过勾兑大师的精心勾兑，各风味成分相互融合、影响、叠加、制约、平衡，于陶坛中完成最后的使命，最终成就茅台酒的协调饱满之美。

二、雅、细、厚、长、久的感官品味

品饮茅台是一种独特的感知艺术，需充分调动五感，从嗅与味、色与触中体味茅台的诸多结构内涵、协调平衡、自然和谐的程度。

沉浸于美的灵感通道，感受茅台色泽微黄透亮、灵动晶莹、前香悠扬四溢、体香幽雅厚重，诸味于舌面层层递进、丝滑稠密，整个口腔圆融润美，至咽喉处顺滑醇厚、曲香浓郁，轻闭双眼，气息从鼻腔释放，风味层次丰富而回味悠长，最后是空杯留香，意蕴隽永。从口腔到大脑，再发散至神经末端，令人心旷神怡，轻松惬意，如人生行至平稳处，浑然一体、恰到好处；又如于千万人中，没有早一步，也没有晚一步，刚好相逢于灯火阑珊处。

在茅台的典型风格之中，寻找别致的细腻风韵美，是色、香、味、格的综合感受，不仅香气宜人，且入口时协调细腻、诸味融合，其所独具的雅、

细、厚、长、久，是美酒所具备的协调平衡的结构之美，更是通过感官品饮才能激发的感知之美。

三、陈年茅台的品质密码

随着贮存时间的延长，茅台酒颜色会逐渐从微黄色向淡黄色、浅金色、金黄色、琥珀金色等演变，这是时间沉淀所赋予茅台酒的色彩美学。伴随着贮存过程中缓慢的氧化还原反应、酯化反应和水解反应等，酒体中的醇、酸、酯、醛类等物质成分会重新组合达到新的平衡，棕榈酸乙酯等长链饱和酸乙酯含量的增加，会使酒体的柔和感、顺滑感、细腻感更加凸显，水果香、花香、甜香、酸香、坚果香、干植物香、青草香、焙烤香等香气物质比例也在不断地变化与平衡，整体香味会更加趋于协调和幽雅。

陈年贵州茅台酒是臻选十五年以上的基酒，精心勾兑而成，品质上与经典茅台酒一脉相承又别出心裁。在勾调的过程中，资深勾兑大师会经过反复尝评，悉心体会，捕捉每一个基酒样品的风格特征，综合分析，取长补短，弥补和平衡酒体。一瓶陈年贵州茅台酒是撷取了千支以上基酒精华，组合20余万个生态位的基酒多样性，注入勾兑大师的技艺和心血的匠心之作，在最大化保留其对应年份老酒独特风味特征和标准的同时，让陈年贵州茅台酒的风格得以完美呈现。

从专业品酒师和消费者的品饮感受来看，陈年贵州茅台酒与经典贵州茅台酒相比，香气的层次会更丰富，老味会更突出，酒体会更丰满醇厚、细腻协调。而和往年贵州茅台酒相比，风格可谓美美与共，各美其美，它们都具有贵州茅台酒的典型风格特征，老味都比较突出，精心的勾兑赋予了陈年贵州茅台酒更多的厚度与韵味，成就了其无与伦比的品质之美与艺术之美，而往年贵州茅台酒则镌刻着时代的印记，是一个时代的记忆与见证，蕴含了弥足珍贵的人文价值。

参考文献：

1 王守勋.饮酒礼仪与社会文明进步［A］.辽宁省社会科学普及系列丛书8—辽海讲坛　第六辑（民俗卷）［C］.辽宁教育出版社，2009：287–294.

2 王赛时.唐代酿酒业初探［J］.中国史研究.1995（01）：25–26.

3 孙时光，左勇*，张晶，张鑫，何颂捷，秦世蓉，邵良伟等.酱香型白酒中的风味物质及功效［J］.中国酿造，2017，36（12）：10–13.

4 何育明等.论白酒中的不挥发酸［J］.酿酒科技，2007（6）：56–58.

5 陶景兰等.酸味对白酒的益与害及预防措施的探讨［J］.山西食品工业，2002（1）：30–31.

6 李先贵，陈剑波，王莉，汪地强，雷良波等.酱香型白酒中有机酸的分析［J］.酿酒科技，2019（6）：105–107，111.

茅台酒代谢美学

尼采说："美学其实无异于一种应用生理学。"将身体而非心灵看作是审美体验主体，将身体体验作为审美的标准是新兴美学致力于思考的方向。正是在这个方向上，身体最重要的特征——新陈代谢——可以被纳入美学理论中来思考。新陈代谢所具有的美学含义就在于它带来"健康"。尼采认为，人的生物生命的衰退、颓废、病态、软弱、匮乏，都是健康的对立面，因而都是丑的。因此，我们可以在"健康"这个新审美范畴的基础上来谈论一种与生理学交叉互鉴的"代谢美学"。

从生物学角度来说，代谢就是生物体与外界环境之间进行的物质和能量交换的过程，是生物体维持生长、繁殖、运动等生命活动中物理和化学变化的总称。从哲学角度来看，代谢是旧物质转化、新物质形成的推陈出新的过程。一滴酒进入人体后，会产生物质的转化、精神感受的转变以及灵感的创造，因此包含了生命体代谢的所有过程。从美学的角度而言，美是感知，只涉及愉悦的感受。因此，从美学感知的角度来说，茅台酒的美可以通过饮用后身体的感知和精神的感受来表达。

历经中华民族几千年的历史沉淀，中国白酒不仅成为中国人饮食智慧的体现、中华民族文化的结晶，更因其与人性的高度类像，演变成为中国人的一种精神象征。"酒以成礼"，在中华文化中，酒，不再是简单的物性表现，而是具体的抽象。饮酒，也不再是简单的生命活动，而是一种特殊生命哲学的践行方式，是人对生命的认识、理解和阐释的过程。饮酒后，身体对酒的代谢，是人对自然哲学和美学的生命体验。

茅台酒的代谢之美，是饮后"不口干、不上头、不宿醉"的舒适感受，更是身体—精神—灵感的层次体验的美妙感知。

茅台酒师凭酒花大小和持续时间等判断酒的度数

第一节　代谢健康之美

饮酒是体验、是感受、是给人以美好享受的经历，好的白酒饮酒时醉得慢、醒得快，饮后身体舒适，无不良反应。人体的生理体验决定着人类的饮食选择，而良好的饮后体验恰恰是茅台酒一大品质特征，也是其深受消费者青睐的关键。茅台酒的代谢之美，是"不口干、不上头、不宿醉"的饮后舒适之美，更是"通气合好"的健康内涵之美。

一、饮后舒适之美

随着消费观念的升级与改变，健康饮酒已成为消费者的主流追求，人们既追求白酒本身的风味、口感等食品属性，同时也更关注白酒饮后舒适度等健康属性。饮后"不口干、不上头、不宿醉"，是消费者健康饮酒的最直观感受，更是茅台酒美的直接表现。

1. 美在不口干

人们日常认识中的酒后口干其实是饮酒后出现的口渴感和口干现象的综合感受。引起白酒饮后口干的原因比较复杂，现有研究表明，酒精会抑制唾液分泌，导致酒后产生口干现象[1]；同时，酒精代谢产生的游离的乙醛会刺激口腔黏膜，导致肾素—血管紧张素系统的激活和口渴感，从而加强口干舌燥的感受，并且口渴和口干感受会随着乙醇和乙醛在血液中浓度的增加而加剧。因此，饮酒后，乙醇的吸收、代谢速度，是影响酒后口干的一个重要因素。有研究表明，人体对不同酒类的代谢速度为白酒＞红酒＞啤酒，而影响人体酒精代谢速度的关键因素，就是酒中含量极少的呈香呈味物质。白酒风味物质较其他酒类丰富，而茅台酒又是到目前为止中国白酒中风味物质最丰富、最复杂的，因此，茅台酒饮后不口干的原因，可能是茅台酒中含有丰富的风味物质：一方面，丰富的风味成分在被人体吸收的过程中，会与乙醇形成竞争性吸收，从而降低乙醇的吸收速度；[2] 另一方面又促进了人体内酒精的代谢速度，从而最大程度地降低了酒精对人体的刺激感。

2. 美在不上头

饮酒后头痛（俗称"打头"或"上头"）是发酵产生的酸酯比例不协调，醛类、杂醇油等低沸点物质含量高，外加香精香料等导致的。研究表明，有机酸的存在，有利于乙醇在人体内进一步酯化，而酯类具有镇静止痛作用，从而使饮酒者无头痛之感。[3] 因此，当酒中含适量脂肪酸及酯类时，适量饮用，不易出现上头现象，而茅台酒有机酸种类丰富、含量高，是中国白酒"酯高酸也高"最典型的代表，因而饮用不易上头。[4] 此外，人体吸收过多的乙醛等低沸点醛类物质时，会引起交感神经兴奋，也会导致上头。茅台特有的高温生产工艺使得发酵过程杂菌少，低沸点物质含量较少，同时，长期贮存工艺促使易挥发性成分进一步挥发减少，乙醛分子与乙醇分子也在贮存过程中缓慢地生成乙缩醛，降低乙醛含量，因此饮后不易出现头晕、恶心等上头现象。

3. 美在不宿醉

国外关于宿醉的定义为：醉酒后的第二天，从血液酒精浓度接近零开始产生的一系列精神和躯体症状的综合征即为宿醉，头晕、头痛是宿醉的常见生理表现。从当前对宿醉的定义来看，宿醉并不是由酒精直接导致的，且目前对宿醉产生机理的研究尚不透彻。但有研究表明，酒中丙酮、乙醛等化学成分以及过高含量的杂醇油是导致宿醉的重要因素。尤其是杂醇油在人体内氧化速度比乙醇慢，停留时间较长，高含量的杂醇油，会使中枢神经系统充血，引起头痛[5 6]。白酒中的杂醇油类对酒体的特殊香气和口感具有较高贡献度，但当某一高级醇含量过高时，就会使人产生头疼等不良现象。因此，风味物质之间的平衡是决定饮酒者是否出现宿醉现象的重要因素。茅台酒风味物质之间量比的协调与平衡是其酒体幽雅细腻的关键因素，可能也是其饮后不易出现宿醉等现象的重要原因。

二、健康内涵之美

一直以来，茅台始终恪守"崇本守道，坚守工艺"的传统，坚持固态发酵的生产工艺，做到贮足陈酿、不卖新酒，从而保证产品品质始终具有健康基因。茅台的代谢健康之美，一方面体现在茅台的高品质从精神上满足了人们对美的追求，良好的饮后舒适度从生理上满足了人们对好酒的要求；另一方面，茅台酒特殊酿造环境和传统工艺，使其含有大量的生物活性物质，从而赋予其健康内涵之美。

1. 酚类物质

茅台酒在堆积发酵过程中会生成一些酚类物质，这类化合物除了作为白酒重要风味物质的组成成分，能赋予酱香型白酒风格和口感，更是一类具有生理活性的功能成分。目前，在茅台酒中检测到的酚类物质主要有4-甲基愈创木酚、4-乙基愈创木酚、愈创木酚、4-乙烯基愈创木酚等10余种。有研究表明，4-乙基愈创木酚具有消除活性氧，降低血糖活性[7]，预防心脏病[8]、脑溢血等疾病发生的功效[9]；愈创木酚则具有预防慢性气管炎等药理作用[10 11]。

2. 吡嗪类物质

茅台酒中的吡嗪类化合物种类和含量都是所有白酒中相对较丰富的，这类化合物风味阈值低，在酒体中除了有贡献坚果香、焙烤香等怡人风味，烘托叠加其他香气物质的作用外，还具有一定生物活性。研究表明，吡嗪类物质具有扩张血管、改善血液循环、防止酒精对胃黏膜和肝脏的损伤等药理作用，例如四甲基吡嗪具有扩张血管，抑制血小板黏附聚集和血栓形成[12]，抑制平滑肌细胞和成纤维细胞增生[13]，保肝[14]、利尿[15]、抗结核[16]等功效[17]，并作为中药单体，已被《中国药典》收录。吡嗪类物质是茅台酒令人愉悦的烘焙香主要来源物质，目前，在茅台酒中共检测到54种吡嗪类物质，是目前白酒中检测到此类物质数量最多的。

3. 萜烯类物质

萜烯化合物也是茅台酒中含量较为丰富的一类活性物质，研究表明，萜烯类物质可以清除氧化损伤细胞内的活性氧[18]，通过调节抗氧化酶活性、丙二醛含量来提高细胞的抗氧化能力[19][20]。目前在茅台酒中已累计发现了65种萜烯类物质，茅台酒中的萜烯类物质也是重要的呈香呈味化合物，使得茅台酒更加幽雅和细腻。[21]

4. 脂肽类物质

脂肽类化合物是芽孢杆菌产生的一类由特定氨基酸和脂肪酸经非核糖体合成途径组装而成，对生物机体的生命活动有益或是具有生理作用的肽类化合物，具有抗病毒、抑菌等多种生物学功能。目前，在茅台酒中共解析到27种脂肽类物质。

"少喝酒，喝好酒"始终是茅台酒代谢健康之美的前提，《晏子春秋》中有"古之饮酒也，足以通气合好而已矣"的谏言，《本草纲目》中也有"酒，天之美禄也。面曲之酒，少饮则和血行气，壮神御寒，消愁遣兴；痛饮则伤神耗血，损胃亡精，生痰动火"的记载。近年来，国内外的很多研究也表明[22]，适量饮酒有助于提升抗氧化、抗炎和抗抑郁能力，降低心脑血管疾病、糖尿病和阿尔茨海默病发病风险，调节血脂代谢，缓解肝损伤等作用[23]。无论是中华五千年的传统文化所积淀的经验，还是现代科学的研究结果，均表明适量饮酒具有一定的健康效用。

饮酒与健康是一个复杂的话题，白酒作为中国传统文化的符号，其健康内涵的挖掘，更是一项系统而庞大的工程。科学客观地认识白酒，是促进中国白酒健康发展的关键，更是继承发扬中华传统文化的关键。

第二节　精神愉悦之美

"美酒之力，美酒之甘，美酒之香，将为你孕育不死的生命，无终止的欢欣"（保尔·魏尔伦），酒是人类文化历史中物质与精神交融的产物，其不仅具有一种客观的物质价值，更具有重要的精神文化价值。一瓶茅台酒，于人生的每一个重要时刻，在觥筹交错、推杯换盏之间，不仅达成一场感官世界的盛宴，亦促成生理和心理上的愉悦享受。

一、感官享受带来的愉悦之美

"形也，神也，物也，三者遇而知觉乃发"（王夫之《张子正蒙注·太和》），人的感官与客观事物相接触，才能产生感觉，发生认识。因而，感官是带给人美的感知的最直接方式，人们感知到美好的事物就会感觉身心愉悦。从认知神经美学的角度讲，美感是由外在感官、内在感官以及延伸感官互相连接，通过物、身、心、脑的和谐互动形成的大脑中的认知和情感的综合体现。因此，感官在人类的审美活动中，同样具有重要的主导作用，嗅觉、味觉等感官的多层次感受会产生触及心理的精神愉悦感受。茅台酒的美，是其高品质的美色、美香和美味所带给消费者的愉悦之美。"兰陵美酒郁金香，玉碗盛来琥珀光"，茅台酒色之美，美在微黄透亮、灵动晶莹；"风来隔壁三家醉，雨后开瓶十里香"，茅台酒香之美，美在呼吸之间淡雅舒适的水果香、花香，清新怡人的粮香、青草香，醇厚优雅的烘焙香、陈酿香之间多层次的闻香感受；"悠悠迷所留，酒中有深味"，茅台酒味之美，美在入口时舌尖味蕾上跳跃的淡淡的甜味、微微的酸味所带来的幽雅细腻，美在丝滑和醇厚的后味，美在回味悠长、层次丰富的回味。

饮前的香气幽雅怡人、饮中的入口绵柔顺喉，饮后的极致畅快淋漓，色、香、味的协调，让茅台酒的饮后感受，从实际的生理快感，发展到心理的精神快感，最终让茅台的美从实体的美转化为精神的美。

二、代谢感受带来的愉悦之美

"晚来天欲雪，能饮一杯无"，饮酒可以给人一种温暖舒适感，这是因为白酒会刺激血管扩张，血流阻力减小，血液循环加快，使体内的物质加快分解从而转换成热能，同时对全身皮肤具有一定的刺激效果而提高新陈代谢。此外，白酒中富含的氨基酸能与体内乳酸发生磷酸化反应，加快乳酸代谢，有效缓解疲劳，使人通体舒畅，从而给人一种精神放松之感。

之后，白酒会随血液进入大脑，刺激中枢神经的奖励系统，并控制奖励系统里5个重要物质（多巴胺、γ-氨基丁酸、5-羟色胺、谷氨酸、内源性阿片肽）的释放。在大脑中，酒精会同许多神经元受体结合，并通过激活抑制性神经元（γ-氨基丁酸）和抑制激活性神经元（谷氨酸）造成大脑活动变缓[24]，神经元的紊乱和内源性阿片肽的分泌会刺激快乐因子多巴胺的急剧分泌，由此给人带来兴奋和愉悦感。

"俯饮一杯酒，仰聆金玉章。神欢体自轻，意欲凌风翔。"微醺醉意下，身体仿佛变得轻盈起来，在多巴胺的作用下，心中的烦恼也被暂时抛到一边，人由此回归最原始的本能和直觉，饮酒的乐趣便是这醉后的陶然的境界。优质白酒给予人的感官刺激将引发饮者生理及心理层面的精神共振，激起饮者的精神愉悦，由此造就了美酒微妙的、不可言说的陶然之美。

三、情感体验带来的愉悦之美

"酒能使人出语轻快，酒更能使人一吐衷情"（康德）。在中华传统文化中，酒是一种媒介，以酒传情、借酒达意，从而实现人类情感的表达与传递。"我有旨酒，以燕乐嘉宾之心"，酒更是普通大众美好生活的重要元素，无论是欢聚宴享，还是临别钱行，人们总喜欢将心中浓稠到化不开的喜悦或惜别之情，寄予浅浅的一杯酒中。除了给人感官上美的享受、生理上美的感觉，茅台还作为中国人的情感和文化符号，记录我们生活中每一个精彩的瞬间，见证我们生命中每一个重要的时刻。一瓶茅台酒，给我们情感上美的体验。

"兄弟既翕，和乐且湛"（《诗经·小雅·常棣》），从先秦时代起，酒就已踏进百姓的日常生活，成为宗族、亲属、朋友间欢聚宴享的必备佳品，也是自古以来反映亲情、友情和爱情的重要载体。"好将沉醉酬佳节，十分酒、一分歌"，从先秦到后世，酒更进一步地融入到人们的生活中，端午节、中秋节、除夕夜、元宵节，每当佳节将至，无论是团圆相聚，还是独在异乡，酒承载着人们对家人亲属的思念之情。"宜言饮酒，与子偕老"，酒亦被赋予爱情与婚姻的美好寓意，青庐合卺酒，既象征着夫妻双方永结连理，也象征着父母的美好祝愿与同甘共苦、患难与共的决心。"何当载酒来，共醉重阳节"，酒是知己好友间真挚情谊的寄托，也是相逢又离别时绵绵离愁的慰藉。与家人共饮，感阖家团圆之美；与恋人对饮，感琴瑟和鸣之美；与友人畅饮，感高山流水之美。含蓄的中国人，在清澈透亮的酒液中，注入浓郁丰富的情感，将潜藏于心的家人间的血脉亲情，恋人间的绵绵幽情，朋友间的知己交情，一一娓娓道来。

庄子言"饮酒以乐，不选其具矣""物物而不物于物"，饮酒之乐主要看精神上是否满足，将一种优雅的、极具审美价值的内涵融入酒中，并通过调节身心的状态，达到物质与精神的双丰收便是酒之精神的极致。中国是美酒的王国，酒之精神无所不至，它是一种抛弃束缚、回归原始、追逐美好中获得的人生的极大快意。

第三节　灵性感悟之美

美不仅是客观意象引发的个人主观感受，也是个人自发创造出的客观意象。饮酒，让我们放松身心，放开思维，让我们深入地思考，更清晰地认识自己、理解他人，从而更深刻地感受生活的真谛，认识世界的美好。因此，饮酒是一种探索灵性的方式。中国是卓立世界的文明古国，酒的历史和文化是中华传统文化的重要组成部分，翻阅中国诗歌史，随时都能闻到扑鼻而来的酒香，酒折射着人性的光辉，镌刻着历史的烙印。先哲与圣贤在醉眼蒙胧之际，以独特的视角感悟天地自然；在天地自然的美妙感受中成就自身的精神之源。他们因酒而获得艺术与哲学的自由状态，进而以自由状态同天地、和万物，解脱灵性的束缚，最终获得通达天地的独特的创造力。

一、酒兴诗意之美

从《诗经》始，饮酒与诗歌总是相偕而行，从而影响诗歌的创作。无论是宴饮还是独酌，诗意已成为酒兴的产物。以酒之美，抒灵性感悟之美；以灵性感悟之美，咏酒之美。"酒以其性能知天下事"，酒，作为中国历史文化传播的一个重要载体，作为中国古代文人最重要的社交媒介，更为历代文人所推崇，李白、杜甫、苏轼、王维等文人不仅对饮酒推崇备至，更有自己独特的饮酒感悟。据统计，《全唐诗》中有"酒"字者共计 5113 首，而唐诗之咏酒及与酒有关者多达万首[25]。诗人饮后创造的很多饮酒名篇，不仅体现了他们饮酒时的情趣，更体现出他们饮酒时所感悟到的丰富的人生情思与哲理思考。

诗心酒兴，酒性诗情，诗人以形象的笔墨为基础，叙写自己独一无二的"诗酒人生"，以奇妙的意境为宗旨，抒发富有"真味""诗心"的浪漫情感。他们以各自独特的观察视角以及丰富的人生阅历为源泉，将自己的喜怒哀乐倾注于酒中，吟咏出生命的千姿百态，也让我们看到了繁复多彩的社会镜像[26]。诗是美的，酒亦是美的，诗酒交融的酒诗则更美，所以我们在急流勇退中，听见了李白高歌"人生得意须尽欢""天生我才必有用"的豁达箴言。在晨烟暮霭中，和杨慎一起醉看青山依旧，同叹"是非成败转头空"的旷达超脱人生观。在山水田园间，领略陶渊明须臾不离的诗酒渊源，感悟他化在诗中、融在酒里的田园生活，看他将酒意之醇、田园之美与诗情之真完美和谐地写进人生，在酒、诗与田园生活的伊甸园里寻得了人生的真趣味、真性情、真价值[27]。

二、酒感境界之美

性灵出万象，风骨超常伦。如柏拉图所说，灵感就是一种迷狂状态。酒则是人进入这种状态的媒介。除了诗歌，酒对艺术创作的影响，从人类历史上丰富多彩的书画创作中可以窥得一斑。酒作为刺激物，激活了大脑的潜在动力，为思想插上翅膀，引领着饮者的灵性境界自由翱翔[28]，让心灵与情思共舞，激发思想体悟之美。素有"颠张狂素"之称的唐代书法家张旭和怀素便是酒后挥毫泼墨、神行纸上的代表。"张旭三杯草圣传，脱帽露顶王公前，挥毫落纸如云烟"，诗史中对于张旭酒后挥毫的情景多有描述，称其"兴来洒素壁，挥笔如流星"。楚僧怀素则是"神清骨竦意真率，醉来为我挥健笔"。"书圣"王羲之，于兰亭宴饮，流觞赋诗，乘着酒兴挥毫写就天下名作《兰亭集序》，醒后再作，"终不及此"。"画圣"吴道子"每欲挥毫，必然酣饮"，乘着酒兴，一日内画尽嘉陵江三百里山水；明代画家桃花仙人唐寅更是"酒醒只在花前坐，酒醉还来花下眠"。由此可以看出，酒可使创作者们灵感迸发，神与物游，从而创作出难以再现的传世佳作。

三、酒意哲思之美

庄子畅谈"饮酒以乐为主，游乎四海之外"，虽身困于一隅而灵性超然寰宇；屈原豪吟"与天地兮同寿，与日月兮同光"，虽人生百年匆匆，然灵性感悟长存；李白高歌"举杯邀明月，对影成三人"，虽凡躯蜉蝣天地，但神思敢与日月为友。魏晋第一"醉鬼"刘伶在《酒德颂》中有言："有大人先生，以天地为一朝，以万期为须臾，日月为扃牖，八荒为庭衢。"酒后尽显其"志气旷达，以宇宙为狭"的恣意。这种人与天地寰宇的思考，就是古人对人生哲思的典型体现。诗人在闲适里追求"引壶觞以自酌，眄庭柯以怡颜"的悠然自得；在飘逸中感悟"自其变者而观之，则天地曾不能以一瞬，自其不变者而观之，则物与我皆无尽也"。"造饮辄尽，期在必醉"，"无思无虑，其乐陶陶"。饮酒的美，源于饮后的醉、生命的醉，"醉"能忘怀世俗得失，清虚心灵，涤荡心胸。醉是心灵的自远，是生命的本真，能帮助人们感悟生命的真谛，找寻人生的意义。此醉为饮酒的醉，更是饮美酒的醉。茅台酒饮后，愉悦感受，使人在饮后能达到"醉"的境界，又能保持灵性哲思的"清醒"，从醉于物到醉于身再到醉于心。饮用茅台酒，开启生命本真的情性，迟钝日常化的理性思考，激发飞扬的心灵感觉，在醉中有感性的激活，醉中有隽永的理趣，醉中有灵性感悟的美。

参考文献：

1　石姣，倪书干，陆世广，万朕，祝成，刘明智，易翔，刘冲冲，童国强，杨强 . 饮酒口干程度检测方法的探索性研究 [J].酿酒科技，2021（01）：106–109.

2　童国强，杨强，乐细选 . 白酒饮用舒适度的影响因素及应对措施 [J].酿酒科技，2011（08）：91–92，95.

3　刘玉明，王福庆，彭建国 . 漫谈饮酒"上头"[J].酿酒，1995（01）：11–15.

4　张林华 . 浅析饮酒"上头"之因 [J].福建轻纺，2001（09）：19–22.

5　董福生 . 白酒中的有害物质和降低措施 [J].酿酒科技，1997（04）：43–44.

6　尹红梅，李天娇，杨睿，王宇博 . 白酒中杂醇油的测定 [J].黑龙江科学，2020，11（22）：17–19.

7　Baer K, Demirci F. Chemistry of essential oil in flavours and fragrances, chemistry, bioprocessing and sustainability. 2007.

8　龙亚飞，唐佳代，王相勇，时伟，吴德光 . 中国白酒中健康因子及其富集途径的研究进展 [J].中国酿造，2022，41（02）：23–28.

9　Zhao, D., Sun, J., Sun, B., Zhao, M., Zheng, F., Huang, M., Li, H. Intracellular antioxidant effect of vanillin, 4–methylguaiacol and 4–ethylguaiacol:three components in Chinese Baijiu. RSC Adv., 2017, 7(73), 46395–46405.

10　吴婷婷，朱双良，孙惜时，赵巍，崔桂友 . 梅兰春芝麻香酒的健康因子分析 [J].酿酒科技，2013（08）：125–130.

11 Aguilar-ávila DS, Flores-Soto ME, Tapia-Vázquez C, Pastor-Zarandona OA, López-Roa RI, Viveros-Paredes JM. β-Caryophyllene, a Natural Sesquiterpene, Attenuates Neuropathic Pain and Depressive-Like Behavior in Experimental Diabetic Mice. J Med Food. 2019, 22(5): 460-468.

12 Lian, X., Wang, S., Xu, G., Lin, N., Li, Q., & Zhu, H.The application with tetramethyl pyrazine for antithrombogenicity improvement on silk fibroin surface.Applied Surface Science, 2008, 255(2): 480-482.

13 Nie, S. Q., Kwan, C. Y., & Epand, R. M. Pyrazine derivatives affect membrane fluidity of vascular smooth muscle microsomes in relation to their biological activity. European Journal of Pharmacology: Molecular Pharmacology, 1993, 244(1): 15-19.

14 Kim SG, Kedderis GL, Batra R, Novak RF. Induction of rat liver microsomal epoxide hydrolase by thiazole and pyrazine: hydrolysis of 2-cyanoethylene oxide. Carcinogenesis. 1993, 14(8): 1665-1670.

15 Jones JH, Bicking JB, Cragoe EJ Jr. Pyrazine diuretics. IV. N-amidino-3-amino-6-substituted pyrazinecarboxamides. J Med Chem.1967, 10(5): 899-903.

16 Milczarska B., Foks H., Sokoowska J., Janowiec M., Zwolska Z., Andrzejczyk Z. Studies on pyrazine derivatives. XXXIII. Synthesis and tuberculostatic activity of l-[l-(2-pyrazinyl)-ethyl]-4-N-substituted thiosernicarbazide derivatives. Acta poloniae pharmaceutica. 1999, 56(2): 124-126.

17 吴建峰. 白酒中四甲基吡嗪全程代谢机理研究［D］. 江南大学，2013.

18 张倩、朱婷婷、黄明泉、等. 白酒中两种萜烯类化合物的细胞内抗氧化活性［J］. 食品科学，2020，41（9）: 66-73.

19 Bourgou S., Pichette A., Lavoie S., Marzouk B., Legault J., Terpenoids isolated from Tunisian Nigella sativa L. essential oil with antioxidant activity and the ability to inhibit nitric oxide production[J]. Flavour and Fragrance Journal, 2012, 27(1): 69-74.

20 付欢、陈雪峰、赵燕妮、陈梦音、周端、贾玮. 白酒成分分析的研究进展［J］. 食品与发酵工业，2021，47（21）: 320-327.

21 Wang L, Hu G, Lei L, et al. Identification and aroma impact of volatile terpenes in Moutai liquor[J]. International Journal of Food Properties, 2016, 19(6): 1335–1352.

22 张娴 . 持续质量改进在社区老年病房安全管理中的应用效果［J］. 中国全科医学，2017，20（A2）: 311–313.

23 孙宝国，黄明泉，王娟 . 白酒风味化学与健康功效研究进展［J］. 中国食品学报，2021，21（05）: 1–13.

24 郭霏 . 平时饮酒与立体视觉损伤的关系［D］. 首都师范大学，2009.

25 张蓓 . 唐代酒诗与唐五代酒词比较研究［D］. 长沙理工大学，2019.

26 肖向东 . "酒品"知人 "诗品"知味——二论"中国诗酒文化"［J］. 美食研究，2016，33（01）: 10–15.

27 张吕 . 酒趣　诗情　景理——论中国古代诗酒文化的审美意蕴［J］. 兵团教育学院学报，1999（01）: 47–51.

28 单永军 . 中国古代文学中诗与酒交融现象的美学研究［D］. 南京师范大学，2004.

第 十 题

茅台生活美学

在生活之中体验生活之美是生活美学的真谛。生活美学意味着审美与生活之间的距离越来越近，即审美逐渐走向生活，而生活变得越来越美，主要有"审美生活化"和"生活审美化"两个面向，前者指艺术品的生活化、日常化倾向，后者指人的衣食住行娱用的生活方式的审美化倾向。生活美学是对艺术美学的超越。如果说艺术的创造与欣赏对个体有相对较高的专业知识和修养要求的话，那么生活美学则主要诉诸每一个人可以各显神通的改良生活的实践智慧。因此，人人均可以成为自身生活的生活艺术家，就像艺术家创造艺术品一样去创造自己的美好生活。

茅台生活美学，是以"美酒"为本、以"美食"为体，逐美前行，它既是美酒与生活的阐释，也是美食与美酒的完美融合；既有人们对饮和食的赞赏与获取，也有人们对生活的通感与体验。这不仅是一种关乎"生活"的哲学，更是一种追求"美好生活"的幸福之道。

第一节　美酒美生活

从古至今，人们擅长从生理、情感、精神文化等各个层面发现生活之美，所以曲水流觞、寄情山水、诗词畅怀、泛灵鸟鱼、渔樵之乐、天伦得享、家国情怀、市井野趣……人们皆善于发现"生活之美"，享受"生活之乐"，同时也呈现出一幅幅与"酒"相关的生活图景。

从谷物和水果的发酵到人类与美酒的相逢，人们在和自然的相处中学会妥协和敬畏，同时也将生活中的点滴情感化为酒的美好味道和不可思议的记忆偏好。

为什么喝酒，喝什么酒，在哪喝酒？这是生活的美学。人们擅长从酒的色、香、味中，感受酒所带来的生理美感。而在味觉的世界里，茅台酒满足生理美感的能力至臻化境，用风味物质吸引着人们不断探索，漫过舌尖，向全身心传递着欢愉美好的信号。

人们能感受到饮酒的美感，是多重价值面的叠加、综合作用。生活的核心是人，美不自美，因人而彰，因人而饮，因人而食，因人而美。美酒是审美，由身而心，觥筹交错，浅饮雅酌，皆是生活。美酒也是哲思，由物质到精神，酒是"情"之媒介、"思"之信使、"文"之伴侣、"诗"之源泉。

酒是美好生活的伴侣，古往今来，疲惫之时，喝一壶酒以解乏；欢庆之时，饮一杯好酒以助兴。酒见证着人生重要时刻，见证着情意深长和喜庆欢乐，表达着热情与善意，满足人们精神世界与现实生活的双重诉求。酒更是"礼性"最恰当的表达。丰盛的佳肴，配上茅台酒，成为美好生活的标配。茅台把酒从简单的"社交工具"和"情绪产品"，塑造成为具有丰富文化内涵和底蕴的"人间琼浆"，成为现代"美好生活的一部分"。

美酒是自然的恩赐，对美酒的热爱实则是对美好生活的向往。但美好不能离开责任的约束，热爱不能脱离理性的制约。"藏礼于酒""无酒不成礼"，这些酒礼与酒俗在最大限度发挥酒的功能作用的同时，更对饮酒行为进行规范和约束，正是我们古人理性饮酒之道。饮酒，绝不仅仅是为了满足口腹的欲望，而是借助好酒能达到心灵自由、超然物外的境界，曲水流觞更要求诗意饮酒中美酒的品质。理性饮酒，喝好酒，追求"道"与"意韵"结合的饮酒和谐之美，方能达到六一居士欧阳修的"醉翁之意不在酒"之意境，这时的美酒消融人与自然山水之间的距离，消融人与人之间的隔阂，这才是茅台美酒美生活的应有之义。

酿造美酒是茅台的使命。为美好生活而创造，是每个茅台人的奋斗目标，这股向美的力量非常强劲且迫切，茅台始终坚守"酿造高品质生活"的不变初心，从粮食到美酒，品质贯穿着茅台酒酿造过程的始终，努力用更多更好的优质产品、服务、体验带给人们生活质量的提升。

第二节　美食美生活

食者，吃与喝，诠释着时代和人类的生活内容、生命方式。食物是人类生存的根本，美味的食物则是人类基于美好生活的一种更高追求。

"民以食为天"。昔有"东坡肉"以"慢著火，少著水，火候足时它自美"而酥脆味美、肥而不腻；有"绿蚁新醅酒，红泥小火炉"中新酒的新熟淡绿。人们也经常将饮食、烹饪与其他事物进行关联，如"治大国如烹小鲜""人生百味"。美食之所以能深深扎根于中国文化，正是因为它不仅是一种深沉的人文情怀，也是一种踏实的精神慰藉。

一、美酒有道，大道大美

美食文化中一个重要的元素就是饮。人们习惯于以"美味"评酒。美来自观察，关乎视觉；味需要品尝，关乎味觉。"尝"出"美"就是一种美学上的通感。[1]

美味是人们对美酒最原始的期许和追求。美味的酒一定来自纯天然的原料与师法自然的酿造。天有时，地有气，材有美，工有巧，故"道法自然""不时不食"，显然，顺应季节时令变化的饮食理念，符合我们传统的哲学思想，体现了与大自然和睦相生的文化智慧。

茅台酒采用优质小麦、"红缨子"高粱和赤水河水精心酿制而成，遵循时令和节令生产，香型和风味的产生，完全靠自然和时间实现，不做任何人为的增加。这让粮食转化为酒的过程，更接近自然本真的状态，保留更多的风貌和情趣。因此，饮一杯茅台酒时，它会释放出原料所拥有的阳光的灿烂、雨水的滋润以及土壤的肥沃和赤水河的清澈。通过细细品尝，还能感受它透过舌头、口腔，在唇齿和味蕾之间留下的美好记忆。

美酒的酿制技艺的核心价值在于人的情感和温度。犹如中国烹饪无比神秘，难以复制，有一千双手，就有一千种味道。从深山到闹市，厨艺的传授仍然遵循口耳相传、心领神会的传统方式。祖先的智慧，家族的秘密，师徒的心诀，食客的领悟，美味的每一个瞬间，无不用心创造。美酒的酿造亦是如此。茅台酒采用纯手工酿造，自然固态发酵，参与酿酒的微生物群体极其复杂。要驾驭这样的多菌种，固态手工操作殊为不易，不左即右，容易走极端。为防止剑走偏锋，掌握恰当火候，需要随时观察，随时调整，其中所耗费的人力与心血可谓深广。

同时，美酒既是要饮入身体，品质很重要，美酒的前提一定是好酒。茅台的酿造原料生于河谷，都是用绿色肥料培育、吸收自然能量生长而成，天然健康。通过绿色健康的酿造，茅台酒产生了丰富的微量元素，其中所含有的有益人体健康的酸类、酚类等物质，是其他白酒的三到四倍，让人们能够放心饮用，享受品质的美好。随着生活水平的提高，人们的饮酒观念也发生了根本性的转变，注重营养保健，注重文化品位，已成为人们对生活品质追求的一个方向。需要品质更好、技术更精、口感体验更丰富的酒来满足人们更高级的精神需求，茅台努力尝试着用科技提升品质，让人"醉得更舒适""醉得更健康"。

然而，若要美酒，必先护酒美。酒美的背后则是由一个生命的科学系统和人文体系在运行作用。要想酒美就要呵护自然的美、时间的美、工艺的美，用心呵护赖以生存的山、水、林、河、土、微，用心守护和传承技艺与文脉。这是茅台酒美的第一法门，也是可持续美的唯一法门。

二、茅台宴

在西餐中，葡萄酒是烹饪的神器，白葡萄酒被拿来处理海鲜，红葡萄酒被用作驯服红肉。回到中餐，白酒亦是让美食生辉的法宝，从醉虾、醉蟹到腌制腐乳，美酒与佳肴的合璧惊艳世人。

在被誉为"中国第一酒镇"上的"茅台宴"，也有着美酒与美食的最佳记忆和想象。一方美酒配一方美食，茅台宴秉承黔人对茅台的传承与理解，结合黔菜的风味特点，以茅台会友，以飨各位饕客。结合中国传统优秀餐饮文明与黔地特色餐饮文化，从菜品的研发创制、菜牌设计、烹饪技艺、食材、用料工序、餐具装盘、用餐礼仪乃至菜系的情境文化均悉心考究，体现着精美。

茅台宴是一场"美宴"，在于食材美。对于饮食而言，作料变幻无穷，也只是辅佐的功能，食材才是一切的关键。茅台宴不管是酒还是食，都是顺天应时，按时知味，并综合贵州特色的节气物产、饮食文化、筵宴习俗等，选择每个节气符合地道性和独特性兼具、荤素搭配、酒菜相融等要求的时令食材，让人们在餐桌的方寸之间，通过美食体察时间流逝、四季轮转。茅台宴对于食材的讲究，是对饮食领域探寻的一种回归，更是一种责任态度。

茅台宴是一场"美宴"，在于味道美。"辨味不精，则烹饪之术不妙"。"味"的审美被视作烹调的第一要义，是饮食美的主导因素，是饮食美感中最具实质性的重要内容。以茅台酒用高粱和小麦，配以大米等原料，加入茅台酒曲蒸制成的点心，醇而不腻，吃起来回味悠长。同时，茅台宴菜品运用了适量的茅台酒焗制，浸润着茅台酒香气，食材的鲜香与美酒的醇香泾渭分明，相得益彰，又不夺其味，各具特色，又锦上添花，体现出强烈的美食包容性和百搭性。

茅台宴是一场"美宴"，在于情境美。我们对食境相宜的美好记忆，离不开"持螯赏菊""把盏围炉"。营造以雅为美的空间与舒适情境，是茅台宴的追求。茅台宴采用长条桌与位餐制，音乐、餐具、酒具、服装及宴会流程都充分体现食境相宜。桌旗及 logo 均采用"红缨子"高粱、小麦装饰而成，标志着这是一场充满了茅台元素的盛宴，同时，美食有美名，闻香识匠心、有凤来仪、飞天之韵、重阳沙、端午曲等独具茅台特色的名字，不仅雅致巧妙，更悦耳动听。茅台宴色、香、味、形、器臻于协调，使人以精神与物质高度统一的"心凝形释"之境。

茅台宴是一场"美宴",在于表达美。茅台宴是一个以茅台酒为精神纽带、以餐桌为介质、以美食为中心、以茅台酒文化为代表的中国酒文化的表达场域,是一个具有高度审美价值、品味价值的美食立体空间。美食在空间中兼容并蓄、滋养万物,美酒在时间中积蓄内涵、老熟生香,茅台宴上的酒与食跨越空间与时间,点亮美好生活的人世烟火。

三、"多巴胺的快乐"

茅台酒不仅仅是在基础的酒与食中,还包括在饮食过程中搭配的甜品,美也在这样的流动中不断融通。"倾心一口,知茅台",在茅台宴最后,来一份茅台冰淇淋,顿觉舒畅万分。

如果说某一种味道能统一全球饮食审美,那味道一定来自甜食。甜,可搭配五谷果蔬,也可成就荤腥油腻,包容性极强,更为重要的是,甜食能促使多巴胺的产生,将幸福愉悦的信息传递至中枢神经,给人带来满足感。茅台酒与冰淇淋"冰与火"的共舞造就了甜品——茅台冰淇淋,它作为"醉"甜夏天的一口冷饮,抑或是稍加摆盘成为下午茶的一道精致甜点,成为年轻时尚人群与茅台的第一次相遇。

茅台冰淇淋

原本酒和冰淇淋属于两个体系,研发跨界产品,是一个非常复杂的过程。茅台冰淇淋品质保证的核心关键是茅台酒的添加,添加过少,就没有茅台酒风味;过多又会导致冰淇淋成形和口感都较差。因此,茅台酒与冰淇淋结合的最佳比例区间非常重要。茅台人经历了数月的研发、上百次试验,确定了工艺参数,配套了相应的技术标准和质量管理体系，确保"酱香风味"毫不褪色，使茅台酒独有的醇厚、细腻、悠长与冰淇淋的香、甜、滑搭配得恰到好处。

冰淇淋打开的瞬间，酒味扑面而来，一口下去，也是满满的酒味萦绕口腔，从浓烈到微醺，醇香雅致的茅台美酒加上冰凉舒爽、细腻丝滑的冰淇淋，会让人感觉"醉"，但不会觉得"呛""辣"，谁也没有压制住谁的味道，极为"融合"，萦绕舌尖，回味幽雅绵长，为消费者带来一场舌尖上的美食盛宴。

从推出产品、上市销售、全国布局，再到如今飞入寻常商超，茅台冰淇淋飞速成长，已经得到了市场的验证。茅台冰淇淋不单纯是冷饮本身，而是围绕消费者追求美好生活的根本诉求，串联起一整套融合食品和物流领域，软硬件配套相结合的"美生活"体验生态。

茅台酒风味物质丰富，醇香馥郁，以茅台酒入料，茅台酒心巧克力、茅台咖啡、茅台鸡尾酒、茅台马卡龙等"茅台系"美食新品将制造出更多"多巴胺的快乐"，期望消费者通过一口酱香沉浸在无限的美味之中。

当然，无论是酒还是食，茅台都以酿酒的劲头，基于味道本身的出品，用心使其焕发光彩、传递温情，这才是茅台与生活细水长流的真谛。

第三节　美行美生活

对美好生活的追求，是人之所愿。无论时代变化，不管地域变迁，人们都把美好生活作为美好愿望，然而关键还在于如何实现。美是追求，行是路径。茅台将通过什么路径来追求"美"、创造"美"、实现"美"？

一、茅台的"品行美"

茅台如何行和为，均由其"品行"所决定。茅台倡导"酒香、风正、人和"的价值观。心无旁骛地酿造好酒、美酒，是茅台一直的使命，也代表着中国企业对品质的初心，而风清气正，万心齐聚，内部、外部、人与人、人与自然环境，人与行业、与各利益相关方携手共进，守正笃行，才能创造高品质的美生活。

茅台作为一个典型的传统酿造企业，沧海桑田，斗转星移，从西南一隅的小河谷走向世界，其背后正是数代茅台人不变的坚守。因此，茅台人所展现出的精神与行为，也在时光流逝中塑造着企业的价值观，茅台人是什么样，茅台这个企业就是什么样。

不论是过去，还是现在，茅台人从来没有把自己做的事当成一个山坳小企业的事，而是国家的大事。茅台酒是代表国家光荣的产品。20世纪50年代末，国家物资极度匮乏时，出口1吨茅台酒，能换回700辆自行车、32吨汽油、40吨钢材，推动国家的发展建设。茅台酒是历史上许多重大事件的见证者，茅台酒一定要保证的是品质，茅台的家国情怀，在企业精神中体现得淋漓尽致。"爱我茅台，为国争光"，简单八个字，概括了所有。

在茅台不同的发展阶段，我们都能看见茅台人用自己的行动诠释这种精神。老一辈茅台人砥砺奋进，奉献一生，经历过不少磨难，可这也难掩其本身的坚韧，越是阻力重重，越要迎头当先，勇立潮头，开山辟地的坚定信念浸润着这片土壤，并不断塑造着茅台的价值观；不断涌入的新茅台人也在为茅台大厦添砖加瓦，员工从"五湖四海"汇聚于此，茅台海纳百川、兼容并蓄、博采众长，如今，

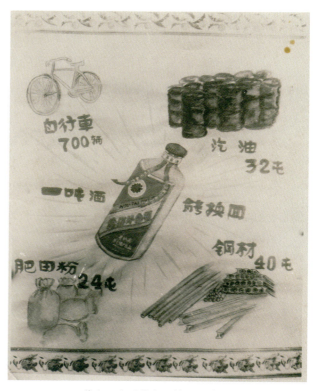

茅台工人手绘出口换汇宣传画

这些"外乡人",他们听见"爱我茅台,为国争光"亦会内心激情涌动。茅台的传承,除了父传子、师传徒,世代相传的手艺,更为重要的是"心传",薪火相传的是勤劳的坚守、生存的信念,从而凝聚成共同的价值观,这是支撑茅台运转的不竭动力。

刨根问底得其魂,茅台的"品行美",其实就是茅台人的精神美——极致、包容与坚韧,这种精神的形态万千,看似无形,却有四两拨千斤的力道,将三万六千茅台人的光荣与梦想紧紧捆绑在一起。

二、永葆"美酒香"

茅台酒以酒香立身,崇本守道,是茅台"香味"始终浓郁的基底。坚持贮足陈酿,不卖新酒;坚持只设质量奖,不设超产奖;坚持绿色生产,践行"绿线"发展。从田间的原料开始,到生产过程的绿色无污染,再到投入使用中的绿色生产,最后到原料使用完毕之后的科学利用,茅台人打造了一条与自然和谐共生的发展路径,不断酿造高品质的产品,为老百姓带来茅台醇香的美妙体验。同时推动员工生活方式绿色转型,凝万众之心,集全员之力,让绿色、低碳、健康行动为美好生活增色添彩。

自然道法,顺遂四季。茅台人深知,这瓶自然馈赠的礼物,融合了中国传统天文、历法、节令的理念,改变传承千年的酿酒传统,改变坚守百年的质量追求,便是对"道"的违背。质量是生命之魂,是茅台立身之本,是茅台酒走向世界的"通行证"。为了呵护茅台品牌美誉,茅台人尽心尽力把好手中的关卡,用专注极致为茅台构建起他人难以逾越的"护城河",用诚信和守真装满每一瓶茅台酒,形成茅台风靡市场的性格旗帜,让众口皆碑的"香气"传承。

三、共美生活

中华美酒遍及华夏,汇百味、纳千香,美酒各有特色,美酒也应该沉淀各自的美。近几年,茅台先后走访了五粮液、泸州老窖、汾酒等兄弟酒企,茅台倡导共美生活，聚和合之力。

在五粮液，茅台提出坚持美美与共、同心同向，促进茅台和五粮液增进感情、深化友情、再续佳话；在泸州老窖，茅台与泸州老窖共同坚持"勾兑古今、共酿美好"，共商酒事、共谋未来；在汾酒，茅台与汾酒达成共识，循美酒之道，共铸"美"的经典，顺时代之势，共建"美"的格局。

在 T8 峰会上，茅台提出企业"和"才有产业"兴"，倡导白酒企业在新时期以竞合的"气度"齐力构建"各美其美、美美与共"白酒生态圈，共同推动中国白酒高质量发展。

四、将"美"进行到底

茅台酒"成分"丰富，它不只有美好的产品品质，还将美好的创造延伸到更广的范围，追求改善世界、社会共好，积极成为美好生活的维护者、践行者、建设者，成为酿造高品质生活的奋斗者。

2022 年，茅台首次举办了感恩大典，以"感恩宣言"的形式发出倡议，厚积社会进步、文明发展的丰厚土壤，让家庭更加和美，让社会更加和谐。回报社会是茅台"感恩"的生动注脚，是茅台人秉持的情怀。

茅台在七十多年发展中，早已将"酒之大者、为国为民"的责任观念内化于心、外化于行，从助力脱贫攻坚到倾情"国之栋梁"，从巡山护水到植树造林，茅台致力于让发展成果更多更公平地惠及人民。2012 年启动"中国茅台·国之栋梁"希望工程圆梦行动助学活动，持续十一年累计资助全国家庭经济困难大学新生数量 214500 名；在贵州省道真县，茅台持续对口帮扶这个曾拥有 6.2 万贫困人口的老少边穷山区，累计投入资金达 4.3 亿元。从 2015 年起，茅台在丹寨县投资 3 亿多元成立茅台生态农业公司，以蓝莓种植、加工助力当地脱贫攻坚和乡村振兴。

"高颗大穗有光华，万垄参差斗晚霞。"高粱籽粒的饱满度何尝不是农户对生活的满意度。为了确保茅台酒质量，近五年来，茅台逐年提升基地农民高粱的收购价。因此，高粱种植被称为仁怀市的富民产业，赤水河边的"红

丹寨蓝莓产业

道真县茅台援建食用菌大棚

高粱丰收的喜悦

缨子"高粱也被称为世界上身价最为昂贵的高粱。高粱种植的背后，稳定的合作模式给农户带来了安心，保质的种植方式给农户带来了信心，可观的收入给农户带来了生活的幸福感。这也让他们与脚下土地的关系愈加亲密、和谐，而在一浪接一浪的高粱红下，美好生活的佳酿正在调制中。

"企业向善"是从优秀走向卓越的关键，因为"善"是把产品做到极致的最优解。"企业向美"却不仅仅是一个企业自身成长的微观命题，是在构建共生共好共美的社会生态系统。这便是企业的最高追求。

美行是"长跑",唯有坚持才能遇见"美好"。茅台循求索之道、承先贤之愿、立时代之志,努力酿造美酒;茅台向美而生、循美而至,创造企业及社会可持续的、幸福的美好生活。春夏秋冬,万物变换,"美"成为茅台最持久的力量,一直贯穿于时间的长河,流进人们的生活。

参考文献:

1　彭兆荣.吃出形色之美:中国饮食审美启示〔J〕.文艺理论研究,2012(2).

跋

茅台之"美",从何处寻?这是《茅台美学十题》所致力于阐述和回答的问题。中国美学历来坚持从个体与社会、人与自然的和谐统一中去找美,不论经史子集、神话志怪、民间故事,"美"的问题,往往联系着历史、社会、人生等不同因素,被人们加以观察和思考。

"美酒"之说由来已久,茅台之"美",可从汉武帝称赞使臣唐蒙所献的"枸酱"酒"甘美之"说起。根植于数千年赤水河流域农耕文明,在源远流长的中国白酒文化的滋养下,经一代又一代人的延续、创造、发展,茅台取天地之灵、万物之神、时空之韵,在酿造出享誉世界的琼浆玉液之时,也不断丰富着美学的价值与内涵,孕育出"中国酒文化的极致"。

因此,《茅台美学十题》的创作,可谓应时代之需。迈入高质强企新征程,在提出美酒"美时代"的战略构想后,如何深刻诠释茅台"美"的哲学,讲好"酒文化的极致",为"美时代"奠定理论基础,成为这一代茅台人应当且必须承担的光荣使命。

遵道以循美,循美而致远。我们试图从"美学"的不同维度追本溯源,探寻隐秘在历史深处的宝贵精神财富。经过近半年时间的酝酿,在本书编著者——茅台集团党委书记、董事长丁雄军先生初步明确从"生态美学、自然美学、时空美学、天人合一哲学、平衡哲学、多样性美学、营销美学、品饮美学、代谢美学、生活美学"十个维度立意茅台美学后,2022 年 7 月,《茅台美学十题》编著委员会应运而生。编委会由丁雄军先生担任主任，茅台集团党委副书记、总经理李静仁先生和党委副书记卓玛才让先生担任副主任，茅台集团、茅台酒股份公司领导，党委办公室、公司办公室、党委宣传部、生态环保部、物资供应中心、生产管理部、科学与技术研究院、市场管理部、质量部、销售公司等各部门负责人作为成员，分别组建十个课题组，正式拉开茅台人自主建立"茅台美学体系"的序幕。

"文章千古事，得失寸心知。"在没有白酒美学文献可借鉴的情况下，本书编著者及每位编写成员在撰写过程中倾注了大量心血。丁雄军先生亲自拟定各课题大纲，牵头修改各章节内容十余次。十个课题组执笔人员蔡鹏、刘元启、赵文韬、罗汝叶、冯木苏、倪德让、吴波、程艳波、吕锡斌、吴才华、袁杰、李璇、王黔、胡永俊、周军、罗怀国、刘玄、杨玉波、陈博等，分别查阅古今中外一百多册哲学（美学）、文学、农业学、经济学、营销学、考古学等参考文献，梳理茅台各个历史时期留存的原始资料，耗时六月，十易其稿，《茅台美学十题》才初具雏形。过程之艰，撰写之难，唯执笔者知。本书也得到滕建勇、高山、段建桦、万波、刘刚、王莉、崔程、游亚林、钟正强、涂华彬、王晓维、蒋焰、夏学文等茅台集团、茅台酒股份公司领导的关心指导，以及茅台集团老领导、酿造技术导师季克良，中华美学学会会长高建平，中国工程院院士陈坚，贵州大学教授方英敏教授和专家人士的大力支持。来自不同知识领域的有益参考和宝贵意见，让茅台美学体系的构建汲取了更多营养，得以向读者呈现出更为精彩的内容。

《茅台美学十题》全书共计约14万字，以图文并茂的形式，从十个不同维度对茅台美学作了详尽介绍。这是茅台首次集全集团之力，倾心为读者呈现的一部纪实之作，更是茅台人首次从哲学思辨的高度，对茅台在人文历史、地理环境、酿造工艺、市场营销、生活品饮等不同方面所展现的"天人合一"之美作出系统性的诠释，不仅回答了茅台之美"从何处寻"的疑问，更彰显着当代茅台人"往何处去"的集体智慧。

言有尽而意无穷。中国白酒行业的美时代已经到来，但在研究"美酒"

的文化本质上，现代美学尚有欠缺。《茅台美学十题》旨在抛砖引玉，亮明茅台在白酒文化中的"美学身份证"，为探寻和建立"各美其美、美美与共"的中国白酒美学，贡献绵薄之力。未来已来，在"美时代"高速发展的快车道上，茅台始终倡导"美味、健康、智慧、格调、共美"的"美生活"，以"渴望美"的姿态，将美进行到底。我们热忱欢迎更多社会各界人士，一起加入到中国白酒美学的建设中来，拓展中国白酒美学维度，让酒文化更富特色、价值和开创性意义，与美酒对话，与世界连接。

茅台美学，无止境；中国白酒美学，无止境！